U0478863

梦山书系

以儿童为本的幼儿园区域活动指导
数学区

孙彩霞 \ 著

海峡出版发行集团
THE STRAITS PUBLISHING & DISTRIBUTING GROUP
福建教育出版社

图书在版编目（CIP）数据

以儿童为本的幼儿园区域活动指导. 数学区/孙彩霞著. —福州：福建教育出版社，2024.7
ISBN 978-7-5334-9923-5

Ⅰ.①以… Ⅱ.①孙… Ⅲ.①数学课—教学研究—学前教育 Ⅳ.①G613

中国国家版本馆 CIP 数据核字（2024）第 057750 号

Yi Ertong Weiben De You'eryuan Quyu Huodong Zhidao • Shuxuequ
以儿童为本的幼儿园区域活动指导 • 数学区
孙彩霞 著

出版发行 福建教育出版社
（福州市梦山路 27 号 邮编：350025 网址：www.fep.com.cn
编辑部电话：0591-83726971
发行部电话：0591-83721876 87115073 010-62024258）
出 版 人 江金辉
印　　刷 福州印团网印刷有限公司
（福州市仓山区建新镇十字亭路 4 号）
开　　本 710 毫米×1000 毫米 1/16
印　　张 16.5
字　　数 228 千字
插　　页 2
版　　次 2024 年 7 月第 1 版 2024 年 7 月第 1 次印刷
书　　号 ISBN 978-7-5334-9923-5
定　　价 59.00 元

前　言

高质量的幼儿教育体系建设，需要高质量的幼儿园活动支撑。数学区活动是幼儿园数学活动开展的重要形式，对促进幼儿数学知识与技能的掌握起着重要的作用。数学区活动中，教师有目的、有计划地创设环境和投放各种材料，引发幼儿与活动材料的互动，让幼儿在操作与探索中获得关于集合、数、量、形、空间、时间、模式等数学的认知经验，感受数学的有趣和有用。“儿童为本”的教育理念强调从儿童的角度出发，也就是强调基于幼儿数学学习与发展的特点，投放支持幼儿数学学习与发展的材料，关注幼儿个别化的学习，在观察、了解幼儿数学学习的特点、发展状态和水平的基础上，提出有效的支持策略，用数学的方法解决问题，发展幼儿的思维能力，促进幼儿的学习与发展。

本书包含理论指导、实践案例和观察案例三个部分。

第一部分为理论指导部分。对数学区活动进行了界定，在明晰意义的基础上，制订了数学区活动的三个年龄段目标，分析了数学区活动的材料。提出了开始环节、幼儿游戏与观察指导环节、分享交流环节的指导策略。确定了数学区活动中观察的路径，制订观察要点，为教师实施观察并进行分析提供了有力的抓手。拟定了数学区活动的评价量表，为开展数学区的评价工作提供了依据。

第二部分为实践案例部分。本书选择了小、中、大班的数学区活动案例共 80 个，包括“预期目标”“材料投放”“参考玩法”“指导建议”四部分，提供了相应的图片材料，图文并茂展示案例中的材料与玩法，并提出了游戏指导过程中的具体建议。

第三部分为观察案例部分。本书提供的数学区活动观察案例主要有三种形式，即单个情境的观察、关注幼儿个体差异的观察和连续性的观察，这三种形式的案例各有特点，为一线教师观察与分析幼儿行为提供了参考与借鉴。

本书是四个省级课题研究成果的积淀。多年来，我主持了“基于幼儿数学学习路径的系统性，调整数学区活动材料”“幼儿园数学区有效开展的实践研究”“幼儿园数学区活动中幼儿行为的观察与分析”“幼儿数学学习差异与教师支持的研究”四个关于幼儿数学学习的研究课题。在课题研究过程中，通过实施行动研究，反思和调整数学区活动的开展，逐步积累了许多优秀的案例。这里要特别感谢积极参与研究的课题组成员，他们是李璐瑶、金沙、徐灵芳、林佳琦、吴研芬、黄华珍、叶晓珍、周敏、林金芳等老师，他们认真撰写数学区活动中幼儿行为观察的案例，为第三章的观察案例提供了宝贵的资源。

在这里我要特别感谢我的恩师，福建师范大学林菁教授，她是我本科和硕士的导师。无论是在我求学期间，还是在工作实践中，她不断地督促、鼓励、启迪和引领着我，本科时她上的《学前儿童数学教育》，让我开始研究幼儿数学学习的特点和学习方式，研究生论文指导时，她让我思考反思性教学与教师的专业成长，都为我这本书的撰写打下了厚实的基础。感谢老师，她在专业上求实笃行的躬耕态度和在育人上启智润情的匠心智慧，让我深深体会到“向师性”的温暖情怀及传道的魅力，激励我做有温度的教育，让我的专业不断地成长与进步。

愿本书的出版，能为广大幼儿园一线教师组织与实施数学区活动提供借鉴。由于编者水平有限，难免存在疏漏和不足，衷心希望广大读者在阅读过程中提出宝贵的意见和建议，帮助我在今后的研究中不断完善与提升。

感谢您的阅读！

孙彩霞

2023 年 11 月

目　录

理论篇

实践篇

观察篇

扫描二维码，或登陆网址：http://115.159.43.221:81/html/2024/src_down_0715/852.html. 可获取活动材料资源。

理论篇

一、数学区活动的界定与特点

（一）数学区活动的界定

数学区活动是幼儿园数学教育活动的重要形式之一，是教师在数学区中有目的、有计划地创设环境和投放各种材料，引发幼儿与活动材料的互动，让幼儿在操作与探索中获得关于集合、数、量、形、空间、时间、模式等数学的认知经验和技能，感受数学的有趣和有用。

（二）数学区活动的特点

1. 学习性

学习性指通过数学区活动向幼儿进行数学教育或者说幼儿在数学区活动中获得数学的学习。数学区活动不是单一、重复的经验活动，是教师设计的有目的的活动，是幼儿按照一定的玩法、规则进行的操作活动，或是幼儿完成一定挑战任务的问题解决过程，因此，数学区活动能让幼儿在活动中获得相关数学概念的学习或巩固，可以说数学区活动使幼儿数学学习的空间与形式发生了变化，更多地采用个人或者小组形式进行游戏性、操作性的数学学习。此外，教师还需要通过对幼儿数学学习行为的观察与分析，采用个别指导的方式支持幼儿的数学学习。

2. 游戏性

游戏是幼儿最喜欢的活动，也是幼儿数学学习的方法之一。数学区活动应有趣味性和挑战性，才能提高幼儿的积极性，吸引幼儿参与其中，让幼儿在愉悦的情绪中轻松、自然地学习，取得最佳的学习效果。数学区活动的游戏目的在于，通过教师为幼儿数学学习创造“支架”，引导幼儿从一个水平向着另一个更高的水平前进。但这里要说明的是游戏的目的是让幼儿在“玩”中学，“玩”中解决数学问题，“玩”中获得发展，也就是说数学区活动可以把一些需要重复的练习变成具有情境性、趣味性、挑战性的游戏。在游戏过程中引发幼儿动机的改变，使其在游戏过程中获得积极主动、认真专注、克服困难、坚持完成任务等良好的品质。

3. 操作性

操作性是指让幼儿自身参与操作直观材料，通过多种感官的参与，在直接感知、亲身体验和实际操作中获得数学经验、知识和技能。研究表明，操作活动对促进幼儿掌握数学有明显的作用。幼儿通过对物体的操作与摆弄，促进思维的发展，由直接感知转为表象，进而建构起初步的数学概念。数学区活动中，教师提供的各种丰富材料，带有明显的目的性，也为幼儿提供了充分的操作时间和具体的操作方法，甚至在操作之后还需围绕操作内容进行交流和分享，帮助幼儿整理归纳和提升操作中获得的感性经验，从而获得数学学习。

4. 发展性

数学区活动是教师设计的有计划的活动，就要充分考虑其发展性。主要从两个方面来说。一是幼儿学习的发展性。数学区活动是要让幼儿在原有的基础上获得发展，是幼儿经过一定的努力才能掌握的。其活动内容在安排上不是随意的，而是关注其系统性，既从整体上通盘考虑数学区的活动内容安排，又要考虑幼儿学习过程中的发展变化。二是与集体教学活动的关系。数学区活动与数学集体教学活动保持紧密的联系，投放材料的时候要清楚考虑数学区活动材料与集体教学活动之间的关系，确保内容之间的前后联系，还要兼顾幼儿的原有经验，并能根据幼儿的实际需要调整材料，以满足幼儿学习与发展的新要求。

二、数学区活动的意义

数学区活动中需要特别重视幼儿在活动中的操作与多感官体验，重视在游戏中解决问题，学习“应用性的数学”。引导幼儿在数学区活动中会游戏、爱思考、能操作、喜提问、乐表达，不仅关注幼儿数学知识、概念和技能的学习，更要培养幼儿数学综合应用能力的发展。

（一）支持幼儿数学概念的学习与巩固

掌握简单的数学知识和技能是幼儿园数学教育的重要任务。简单的数学知识主要包括：感知集合、认识 10 以内的数及初步掌握 10 以内数的运算、初步认识几何形体、测量、时间、空间和模式。简单的数学初步技能主要有：对应、计算、简单加减和自然测量等。这些知识与技能可以通过操作数学区活动提供的多元材料习得。

数学区活动支持幼儿的数学知识与技能的学习，给予幼儿自由度较大，自主性更强，它可以支持不同的幼儿在原有的基础上获得发展，也就是说不同发展水平的幼儿可以自主选择参与不同的活动，或是在同一活动中选择不同层次的操作，最大限度地支持幼儿数学概念的学习。例如，计数活动作为一种有目的、有手段、有结果的活动，需要幼儿在多次操作与体验中获得数概念的学习。幼儿学习按物点数时，通过教师提供的适宜的操作材料，需要用手逐一指点物体，同时能有顺序地逐个说出数词，说出的数词与手点的物体一一对应，并能用最后的一个数词来表示所数物体的总数。要完成幼儿能口头数数——按物点数——说出总数的这个学习与发展过程，离不开手、口、眼和脑的协同活动，而数学区活动能提供丰富的材料、自主的操作、充裕的时间和灵活的空间，有力地支持了这一学习过程。因此，数学区活动本身就让幼儿在各类活动中获得相应的数学知识与技能。

数学区活动使得幼儿的数学知识与技能得到巩固。研究表明，幼儿数学学习是建立在对材料的充分操作以及经验积累的基础上的一种主动建构的过程。集体数学教学活动与数学区活动形式各有特点，但它们相互联系、相互转化及相互补充，当集体数学活动与数学区活动在内容的安排上形成一定的联系和贯通后，幼儿在集体数学活动中所获得的相关概念和知识可以在数学区活动的操作中加以应用或巩固，而在数学区活动的操作中获得的经验和体验也可以在集体数学活动中得到归纳提炼，由经验提升到概念。例如，在开展数学集体教学活动“三角形”后，要让幼儿进一步理解图形守恒，知道不论大小、颜色，只要是三条边和三个角的都是三角形。教师就在数学区中提供多种图形，让幼儿挑出三角形，或是提供各类的图形让幼儿玩拼图游戏等，都是为了进一步巩固对三角形守恒概念的理解。当然，幼儿在日常生活中或是其他领域渗透数学教育的活动中，所获得的一些数学经验也可以在数学区活动的操作过程中得到应用或者巩固。

（二）发展幼儿的思维能力

向幼儿进行初步数学教育是发展幼儿思维能力的有效途径。数学区活动是幼儿思维训练的重要场域，可以培养幼儿思维的积极性、敏捷性、灵活性，发展幼儿的抽象逻辑思维能力。

数学区活动激发了幼儿思维的积极性。积极性所表现出来的是幼儿的态度和主观愿望，也就是说幼儿喜欢参与活动，愿意动脑思考问题。数学区活动材料丰富多元、生动有趣、有挑战性，能激发幼儿思维的积极性和主动性。例如，中班数学区活动“眼疾手快”，其目标是巩固对 5 以内数的组成的认识，教师提供的材料是摁铃、数字水果纸牌，两个孩子为一组进行游戏，如商量好要玩 5 的组成后，两人同时出数字水果纸牌，牌面上的同一种水果总数合起来是 5 时，谁先按铃谁赢。这类活动幼儿特别喜欢，能够激发和保持幼儿对数学学习的持久动机和兴趣，让幼儿在愉快、自然的游戏中饶有兴趣地学习。

数学区活动促进抽象思维能力的初步发展。数学知识是一种抽象的逻辑知识，数学与抽象思维密不可分。具体形象思维是幼儿期的主要思维方式，初步的数学概念获得，需要通过具体形象思维，再到抽象思维的过程。例如，幼儿通过操作不同类型的活动材料，感受到同样数量的不同物体，都可以用同一数来表示，这就是在取得丰富的感性经验的基础上，能够概括出一些简单的本质特征和规律，初步归纳出物体在数量方面的共同特征，会正确点数并说出总数，达到了初步理解某数的学习目标。

数学区活动培养了幼儿思维的灵活性。思维的灵活程度可以使幼儿改变思维方向，对同一对象从不同的角度进行思考，获得学习与发展。例如，幼儿在进行多角度分类中，能先对不同的材料进行观察，在操作活动中按照物体的不同特征进行多次的分类，这就是引导幼儿能灵活运用所获得的数学知识解决问题。

（三）促进幼儿个性化的数学学习

《幼儿园教育指导纲要（试行）》（以下简称《纲要》）多次提到关注幼儿个体差异，如“尊重幼儿在发展水平、能力、经验、学习方式等方面的个体差异，因人施教，努力让每一幼儿都获得满足和成功”“教育内容、要求能否兼顾群体需要和个体差异”“承认和关注幼儿的个体差异”等。

《3～6岁儿童学习与发展指南》（以下简称《指南》）在说明部分，专门指出“尊重幼儿发展的个体差异。充分理解和尊重幼儿发展进程中的个别差异，支持和引导他们从原有水平向更高水平发展”。研究表明，幼儿数学发展的个别差异始终存在，而且随着时间的推移，同班幼儿在数学发展方面依然存在差异，甚至差距更大。其学习差异性表现在认知水平、个体已有经验和学习方式上。因此，数学区活动为个性化的数学教育提供了场地、材料，让幼儿自由操作，满足幼儿的个体需要，教师能有针对性地开展观察，在分析幼儿数学学习行为的基础上给予指导。

维果斯基的“最近发展区”理论揭示了教学的本质特征不在于“训练”“强化”已形成的内部心理机能，而在于激发、形成目前还不存在的心理机能。它启示着教育者不应该只看到幼儿现有的水平，更应该关注到幼儿仍处于形成状态、正在发展的水平。所以，作为当前幼儿园开展的数学教育活动，不应该只是简单适应幼儿现有发展水平，更应该适应幼儿的“最近发展区”，教师应该设计适宜的数学教育活动，并采取有效的方式付诸实施，提升数学教育活动的有效性，以帮助孩子探寻到超越当前自我的发展领域，从而使幼儿的数学思维走在自我发展的前面，最终跨越“最近发展区”，达到一个更高的领域。所以，在教学中教育者要因材施教和因地制宜，观察、了解和分析幼儿的认知水平、学习特点、年龄特点、个性特征等，使每一个幼儿的潜能都能得到最大限度的发展。因此，数学区活动满足了这一需求，在数学区活动中对发展水平不同的幼儿可以提出不同层次的要求；在活动的内容和材料方面给儿童提供选择；选择与幼儿的学习风格相对应的活动方式；活动的时间和形式具有灵活性；鼓励儿童运用不同的手段来解决同一个问题；关注学习风格方面有明显弱点的儿童，提供有针对性的帮助等。

三、数学区活动的目标

（一）《指南》“数学认知”部分的目标

《指南》数学认知部分的目标一共有三条。从这三条目标来看，第一条是有关数学的感知体验和态度，第二条是有关数、量和数量关系，第三条是形状和空间。

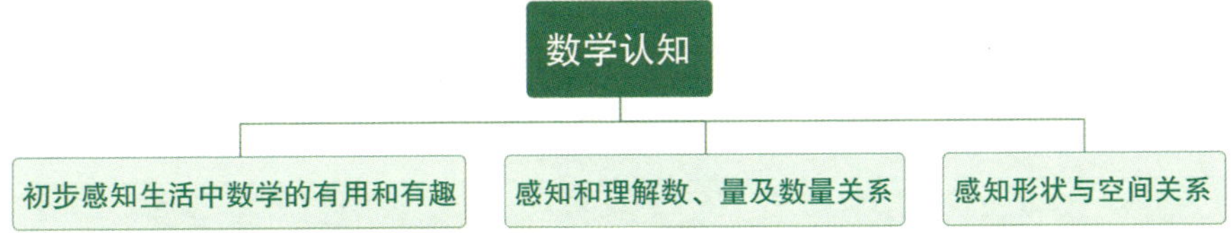

第一条作为首要的前提性和方向性目标，充分考虑了幼儿数学学习的认知特点和具有终身意义与价值的目标追求，突出在做中学、在游戏中学、在生活中学，明确指出了幼儿数学学习的关键要素是在生活中感知和体验，在生活中解决数学问题，也就表明感知和操作经验在幼儿早期数学概念的学习与发展中极为重要，这是幼儿数学认知的核心价值所在，有利于幼儿的后继学习和终身发展。

第二、第三条目标指出了重要的数学知识、技能和能力，包括数（基数、序数、数的组成、10 以内数的加减法等）、量（量的比较、量的排序、量的守恒、量的相对性和传递性、自然测量等）、数量关系（对应关系、可逆关系、等差关系、互补关系、互换关系等）、形状（平面图形和立体图形）、空间（空间方位和空间运动方向）等数学概念，蕴含了数学学习的过程性能力目标，即表达交流和数学表征。

从数学认知内容来看，这三条目标都强调了感知层面学习的重要性，同时也认识到数学知识涉及对事物之间抽象关系的认识。数学学习仅有感知经验是不够的，这只是第一步，对感知经验的反思和抽象才能帮助幼儿真正理解数的概念和数量关系，因此，幼儿通过大量的感性经验和操作活动进行学习和构建。

目标 1　初步感知生活中数学的有用和有趣

3～4 岁	4～5 岁	5～6 岁
1. 感知和发现周围物体的形状是多种多样的，对不同的形状感兴趣。 2. 体验和发现生活中很多地方都用到数。	1. 在指导下，感知和体会有些事物可以用形状来描述。 2. 在指导下，感知和体会有些事物可以用数来描述，对环境中各种数字的含义有进一步探究的兴趣。	1. 能发现事物简单的排列规律，并尝试创造新的排列规律。 2. 能发现生活中许多问题都可以用数学的方法来解决，体验解决问题的乐趣。

目标 2　感知和理解数、量及数量关系

3～4 岁	4～5 岁	5～6 岁
1. 能感知和区分物体的大小、多少、高矮、长短等量方面的特点，并能用相应的词表示。 2. 能通过一一对应的方法比较两组物体的多少。 3. 能手口一致地点数 5 个以内的物体，并能说出总数。能按数取物。 4. 能用数词描述事物或动作。如我有 4 本图书。	1. 能感知和区分物体的粗细、厚薄、轻重等量方面的特点，并能用相应的词语描述。 2. 能通过数数比较两组物体的多少。 3. 能通过实际操作理解数与数之间的关系，如 5 比 4 多 1；2 和 3 合在一起是 5。 4. 会用数词描述事物的排列顺序和位置。	1. 初步理解量的相对性。 2. 借助实际情境和操作（如合并或拿取）理解“加”和“减”的实际意义。 3. 能通过实物操作或其他方法进行 10 以内的加减运算。 4. 能用简单的记录表、统计图等表示简单的数量关系。

目标 3　感知形状与空间关系

3～4 岁	4～5 岁	5～6 岁
1. 能注意物体较明显的形状特征，并能用自己的语言描述。 2. 能感知物体基本的空间位置与方位，理解上下、前后、里外等方位词。	1. 能感知物体的形体结构特征，画出或拼搭出该物体的造型。 2. 能感知和发现常见几何图形的基本特征，并能进行分类。 3. 能使用上下、前后、里外、中间、旁边等方位词描述物体的位置和运动方向。	1. 能用常见的几何形体有创意地拼搭和画出物体的造型。 2. 能按语言指示或根据简单示意图正确取放物品。 3. 能辨别自己的左右。

（二）各年龄段数学区活动的目标

数学区活动目标的制订要依据《指南》“数学认知”的目标，围绕各年龄段的典型性行为，基于数学区活动的特点，制订具体的数学区活动目标。下文制订了小、中、大三个年龄段目标，又分别从情感态度、知识技能、表达交流、问题解决、规则遵守方面进行分项目表述。

1. 小班

（1）喜欢参与数学区活动。

（2）在教师指导下，理解玩法和各种标志，乐意操作。

（3）能比较两组物体的多、少、一样多。

（4）能感知和区分物体的大小、多少、高矮、长短等量方面的特点，并能用相应的词表示。

（5）能手口一致地点数 5 个以内的物体，并能说出总数。能按数取物。

（6）认识圆形、正方形、三角形等图形，并能进行分类。

（7）能感知物体基本的空间位置与方位，理解上下、前后、里外等方位词。

(8) 初步发现生活中很多事情有一定的顺序和规律，感知规律美。

(9) 在教师指导下，能边操作边讲述自己的操作过程。

(10) 能解决简单的数学问题，感知很多地方都用到数。

(11) 在教师指导下，能按照标志，收拾整理活动材料。

2. 中班

(1) 能根据自己的需要，选择到数学区活动。

(2) 理解玩法和规则，积极操作，能耐心完成操作任务。

(3) 正确点数 10 以内的数，认读 1～10 的数，能对数量进行分类，发现数在生活中的作用。

(4) 比较两数之间关系和相邻数关系。

(5) 区分基数与序数，会用数词描述事物的排列顺序和位置。

(6) 不同方向进行判定序数，能进行二维或三维判定。

(7) 能按物体的特征进行规律的排序，感知规律排序在生活中的运用。

(8) 比较粗细、轻重等，按物体量的差异排序。

(9) 理解 5 以内数的分解与组成。

(10) 认识长方形、椭圆形和梯形，对常见图形进行分类。

(11) 区分物体之间的方位关系，会按照指定方向运动。

(12) 能感知物体的形体结构特征，画出或拼搭出该物体的造型。

(13) 能用自己喜欢的方式记录，并能与伙伴交流自己的操作过程与结果。

(14) 感知到数学方法的应用。

(15) 能按份整理活动材料，不串放材料。

3. 大班

(1) 根据自己的计划，积极、主动参与数学区活动。

(2) 发现生活中许多问题都可以用数学的方法来解决，体验解决问题的乐趣。

（3）喜欢合作且富有挑战的游戏活动，并能坚持完成操作任务。

（4）理解玩法并能根据需要调整游戏规则。

（5）学习二维分类、多角度分类、层级分类，发展思维灵活性，感受分类在生活中的运用。

（6）理解单双数在实际中的应用。

（7）理解 10 以内数的分解与组成。

（8）自编加减法运用题，理解加减实际意义，运用观察、比较、分析等方法，学习 10 以内的加减。

（9）学习自然测量，感受量的守恒和相对性。

（10）学习等分，理解长度、面积守恒，理解整体与部分的等量关系。

（11）探索立体图形与平面图形关系，能创意地拼搭造型。

（12）能按物体的特征进行多种规律的排序，尝试运用不同的方式创造和表现规律。

（13）感知时间，会看日历，认识整点、半点。

（14）辨别物体之间的方位关系，能按指示正确摆放物品。

（15）能按要求验证或者检查自己操作的结果。

（16）积极参与讨论，乐于与同伴交流分享，大胆表达自己的操作过程与想法。

（17）大胆用自创或约定的符号记录自己操作的过程与结果。

（18）自主设计区域活动材料标志，主动整理活动材料。

数学区活动目标

项目	小班	中班	大班
情感态度	喜欢参与数学区活动。 乐意操作	能根据自己的需要，选择到数学区活动。 积极操作，能耐心完成操作任务。	根据自己的计划，积极、主动参与数学区活动。 喜欢合作且富有挑战的游戏活动，并能坚持完成操作任务。

续表

项目	小班	中班	大班
知识技能	能比较两组物体的多、少、一样多。 能感知和区分物体的大小、多少、高矮、长短等量方面的特点，并能用相应的词表示。 能手口一致地点数5个以内的物体，并能说出总数。能按数取物。 认识圆形、正方形、三角形等图形，并能进行分类。 能感知物体基本的空间位置与方位，理解上下、前后、里外等方位词。 初步发现生活中很多事情有一定的顺序和规律，感知规律美。	正确点数10以内的数，认读1～10的数，能对数量进行分类，发现数在生活中的作用。 比较两数之间关系和相邻数关系。 区分基数与序数，会用数词描述事物的排列顺序和位置。 不同方向进行判定序数，能进行二维或三维判定。 理解5以内数的分解与组成。 认识长方形、椭圆形和梯形，对常见图形进行分类。 比较粗细、厚薄、轻重等，按物体量的差异排序。 区分物体之间的方位关系，会按照指定方向运动。 能感知物体的形体结构特征，画出或拼搭出该物体的造型。	学习二维分类、多角度分类、层级分类，发展思维灵活性，感受分类在生活中的运用。 理解单双数在实际中的应用。 理解10以内数的分解与组成。 自编加减法运用题，理解加减实际意义，运用观察、比较、分析等方法，学习10以内的加减。 学习自然测量，感受量的守恒和相对性。 学习等分，理解长度、面积守恒，理解整体与部分的等量关系。 探索立体图形与平面图形关系，能创意地拼搭造型。 感知时间，会看日历，认识整点、半点。 辨别物体之间的方位关系，能按指示正确摆放物品。 能按物体的特征进行多种规律的排序，尝试运用

续表

项目	小班	中班	大班
		能按物体的特征进行规律地排序，感知规律排序在生活中的运用。	不同的方式创造和表现规律。 大胆用自创或约定的符号记录自己操作的过程与结果。
表达交流	在教师指导下，能边操作边讲述自己的操作过程。	能用自己喜欢的方式记录，并能与伙伴交流自己的操作过程与结果。	积极参与讨论，乐于与同伴交流分享，大胆表达自己的操作过程与想法。
问题解决	解决简单的数学问题，感知很多地方都用到数。	感知到数学方法的运用。	发现生活中许多问题都可以用数学的方法来解决，体验解决问题的乐趣。
规则遵守	在教师指导下，理解玩法和各种标志。 在教师指导下，能按照标志，收拾整理活动材料。	能按份整理活动材料，不串放材料。 理解玩法和规则。	理解玩法并能根据需要调整游戏规则。 自主设计区域活动材料标志，主动整理活动材料。 能按要求验证或者检查自己操作的结果。

四、数学区活动的内容

数学区活动与集中数学活动相辅相成，既可以相互转化，也可相互延展。因此，要从整体上通盘考虑数学区的活动内容安排，必须在把握幼儿数学学习内容本身系统的基础上，结合幼儿学习数学的特点，将活动内容隐含在材料中，让幼儿在数学区中自由探索，自主学习，同时使数学区活动和集中数学活动相辅相成。此外，幼儿数学学习离不开所处的生活，要关照幼儿在生活中的数学学习，使数学区内容同集体教学活动、日常活动有机渗透、相互转化，融合推进幼儿的数学学习。

（一）内容安排要体现系统性

一般情况下，数学教育内容涉及集合、数、数的运算、量、形、空间、时间、模式等八个方面的内容。幼儿园的数学教育在一定程度上综合了知识本身的系统性和幼儿心理发展路径两个方面的内容。因此在数学教育内容安排上，应以幼儿对数学概念的认知发展规律为依据，既要考虑不同年龄阶段的内容安排，又要考虑同年龄不同阶段内容之间的关系。数学区活动作为幼儿园数学教育活动开展的重要形式，在内容安排上也要体现系统性。

如中班上学期数学区活动内容：分类（集合）、数字宝宝交朋友（数）、按物体的数量分类（集合）、汽车号码牌（数）、按规律排序（模式）、趣味手指游戏（模式）、拼扑克（数）、夹花生（数）、种花片（空间、数量)、花瓣拍照(数)、荷叶上的青蛙(数)、花瓣顺接数(数)、数字小火车(数)、拼摆图形(形)等。

仔细分析以上区域活动内容，不难发现，中班区域活动内容安排是由易到难、循序渐进的，也可以看出中班阶段凸显“形成关于10以内的数概念的教育”，包括10以内数的实际意义、10以内的数序、相邻两数的关系等方面的教育。在实际的区域安排中，重视幼儿计数能力的培养，如在手口一致点数的基础上，增加了顺接数能力的培养(如：荷叶上的青蛙、花瓣顺接数)；提供机会让幼儿感知物体的数目不因为物体外部特征和排列形式的改变而改变，即数的守恒(如：汽车号码牌)；在认识数的基础上，开始引导幼儿初步感知一个数可以分成两个部分数(如：数字小火车)，为数的分解与组成学习提供了前期经验。当然，中班上期幼儿数学区内容的安排也涉及了模式、图形等方面的内容，在此不举例说明。

(二)内容安排要为集中数学活动的开展提供前期经验

数学区活动内容安排并不是独立的，要和幼儿其他的数学学习活动相联系，其中，和集中数学活动的联系最为紧密，所以，数学区活动内容安排要为集中数学活动的开展提供前期经验。所谓前期经验，就是为某一集中数学活动的开展准备相关经验，从而为幼儿顺利地获得新的数学经验提供支持，或是在集体数学活动中得到归纳提炼，由经验提升到概念。

例如，根据《指南》数学认知部分4～5岁的“能通过实际操作理解数与数之间关系”这一目标，结合幼儿发展的实际情况，可以将“学习3的分解与组成”和“学习5以内数的分解与组成”的内容安排在中班下学期，以集中数学活动的形式开展。数的组成是指除1以外的任何一个数都可以分成两个较小的数，两个较小的数合起来仍是这个数，体验数的可分性和整体与部分之间的关系。数的组成包括两个方面的内容，一个是数的分解，一个是数的组合。因此，在教学过程中，首先要解决的问题就是要让幼儿理解什么是“分”，什么叫“分成两份?”于是，可以在集中数学活动开展前设计了一个数学区活动“数字小火车”（如图）。

数字小火车

预期目标：能根据车厢上的数字，取相对应数量的物体放在两节车厢上；初步感知整体与部分数之间的关系。很多教师看到“数字小火车”区域材料的时候，会认为这是关于“数的分解与组成”的内容。其实，这是为幼儿学“数的分解与组成”准备前期经验，在“数字小火车”游戏中幼儿感知一个数所表示数量的物品可以放在同一列车的两节车厢上，就是能根据火车头的数字，取相对应数量的糖果放在两节车厢上。将这份材料投放在区域中的时候，发现有的幼儿喜欢将所有的糖果放在同一个车厢，当教师提醒幼儿“两节车厢都要有糖果”时，幼儿会将糖果分别摆放到前后车厢里。

在分享交流过程中，教师请幼儿说一说“你用什么方法知道两节车厢糖果数量合起来和火车头上的数字是一样的”。有的幼儿说“我先放一个糖果到第一节车厢，接着往第二个车厢放糖果，我边放边数”；有的幼儿说“我一下子就知道，把 5 个糖果往两边车厢上放，一边放 2 个，一边放 3 个”；还有的幼儿说“我是用 3 减 1 的方法算出来的，所以第一个车厢放 1 个糖果，第二个车厢放 2 个糖果”。为了让幼儿感知有多种方法往车厢里放水果，教师还设计了其他的材料，幼儿可以在纸卡上自己画圆点或写数字，放在车厢头，然后再往车厢上放相应数量的糖果。通过区域活动后的分享交流，幼儿初步明白什么是“分成两份”，这就为幼儿学习“数的分解与组成”奠定了重要的基础。

（三）内容安排要为延展集中教学活动服务

集中数学活动与数学区活动相辅相成，相互促进，因此，数学区内容安排除了为集中数学活动准备前期经验，还可以为延展集中数学活动服务。这里的延展并不是将集中数学活动中的分组学习材料直接投放到数学区中，而是在幼儿原有学习经验的基础上，让幼儿在数学区学习新的数学内容。例如，小班练习的基础上，计数能力趋向巩固，克服了手口不一致的现象，能正确地计数，并说出总数，有的幼儿已经能够小声说出数并且指点物体进行计数，而不用大声点数和移动物体了。

在开展了集中数学活动“认识 10 以内数”后，引导幼儿继续学习顺接数，这种接数的能力也是计数能力提高的一种表现。这就需要教师通过选择适宜的内容，让幼儿在数学区活动中发展顺接数能力。为此，设计了“小树添叶”游戏内容，如下图。

小树添叶

预期目标：能按数取物、按物取数，发展顺接数能力。有三种玩法。

玩法一：幼儿先随意挑选一棵树，然后选一个数字贴在树干上。根据树干上的数字在树上添叶子，叶子数量与数字相同即可。

玩法二：幼儿先将树叶放在树上面，数一数是几片树叶。然后取相应数量的数字贴在树干上。

玩法三：在树干上贴数字，树冠贴有少于数字数量的树叶（如贴有1片叶子的树、贴有2片叶子的树、贴有3片叶子的树），幼儿可以在原有叶子数量基础上，添上树叶，使树叶的数量与数字相匹配。

仔细分析，玩法一为按数取物，玩法二为按物取数，玩法三则关注幼儿顺接数能力的发展。这一内容的安排，不仅是让幼儿巩固原有学习的内容，还尽量延展幼儿在数概念学习中获取其他相关经验。可见，教师不仅要引导幼儿把自己在数学区活动中获得的有益经验和能力自然而然地迁移到集中数学活动中，也要引导幼儿把在集体教学活动中获得的经验在区域中进一步延展。

（四）内容安排要与幼儿生活密切联系

《纲要》明确指出“在生活和游戏中感受事物的数量关系，体验数学的重要和有趣”，强调幼儿园数学教育应生活化。数学教育生活化，可以理解为两层含义：

一是“从生活中来”，即幼儿园数学教育内容、操作材料等来自生活，与幼儿的实际生活紧密联系。数学区活动内容来源于幼儿的生活，如围绕“生活中的数字”这一活动内容，引导幼儿发现生活中处处有数字，知道数字在不同的地方表达不同的意思，感知数字与人们日常生活的密切关系。幼儿在区域活动中结合各种材料，进行时间的记录、地点的标识、车牌号的设计、食物的保质期填写、货物的价格标识以及特殊号码的书写等，感知数字对生活很重要，生活离不开数字。操作材料来源于生活，如幼儿郊游捡回来的树叶、花瓣、石头、种子等；生活中各种废旧的瓶子、盒子、纽扣、纸杯、小勺等，都是天然的计数、分类的好材料。用分类盒进行物体分类操作学习；用易拉罐做算式滚筒进行加减运算练习；日历是幼儿理解时间的顺序性、不可逆性的天然工具；每天记录天气情况积累下来的数据（日期、气温、天气情况等），可以用来让幼儿感知时间、温度变化。简单的物品都成为孩子探究、感知数学概念的百玩不厌的材料。

二是“到生活中去”，即让幼儿在生活中感受数学、学习数学、运用数学，从生活中发现数学的有用，逐步形成数学经验和技能。如让幼儿感受规律在生活中的应用，教师提供不同颜色的夹子，让幼儿根据颜色的规律设计帽子，提供不同形状、颜色的珠子让幼儿设计项链，引导幼儿发现生活中的动作是有规律的、声音是有规律的、事件是有规律的。如大班幼儿在“十二生肖的统计”活动中发现：属狗的小朋友有 14 人，还有 1 位是金老师；属鸡的小朋友有 13 人；属马的有 6 人，5 位是新老师（实习老师），1 位是刘老师；属老鼠、羊、牛的老师各 1 人。为什么我们班小朋友只有两个生肖呢？为什么金老师那么“大”也和小朋友一样属狗呢？教师和幼儿一起制作“生肖大转盘”，在游戏中不断熟悉生肖的正确排序，直观地感知生肖会随着时间不断循环，不同的年龄也会有相同的属相，初步感知了时间的周期性。班级还结合认识年历开展了“生日派对

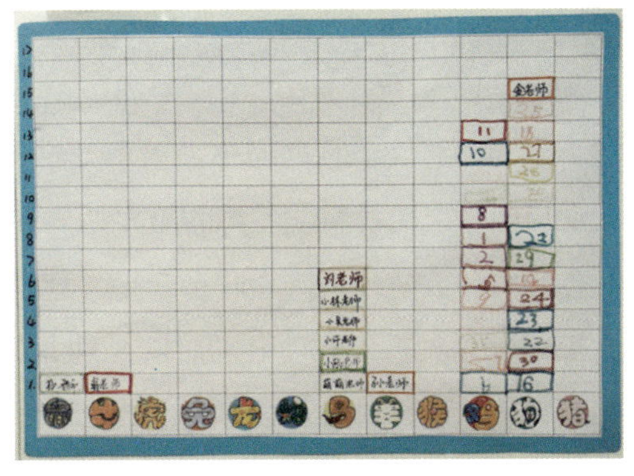

生肖统计柱状图

生日派对馆

馆”，发现更有趣的事情，属鸡的小朋友都集中在9～12月过生日，属狗的小朋友都集中在1～8月过生日。这些发现，让幼儿感受数学在日常生活中随处可见。

五、数学区活动的材料

幼儿在学数学的过程中，离不开材料的操作和多种感官参与的体验，因此，数学区的材料就发挥着重要的媒介作用，它们能帮助幼儿将自己的具体经验和数学抽象概念联系起来。这里需要强调的是，教师仅让幼儿自主探索材料，那么材料很可能就是幼儿的玩具，而不是数学学习的工具。因此，数学区材料必须经过精心的思考、合理的选择、适宜的设计，才能有效支持幼儿的学习。

（一）数学区活动材料的种类

数学区材料根据其来源，可以分为自然材料、购买材料、自制材料。自然材料如树叶、石头、贝壳、塑料瓶盖等，主要源自生活，比较经济实惠，易获得，具有一定的开放性。购买材料如七巧板、数字棋、扑克牌等，直接购买就可以获得。自制材料主要是自己设计的或者对购买的玩具进行重新加工改造，变成适合幼儿操作的活动材料。

数学区材料根据其功能，可以分为主体材料和辅助材料。主体材料主要指要实现某一活动目标，需要操作的主要材料，如形状卡片、数字卡片、分类盒、操作底板、任务条等；辅助材料如记录纸、笔、标志卡等。

不同功能的材料难易程度有所区别，如数学区常见的宫格操作底板，就有6宫格、9宫格、10宫格、25宫格、100宫格，以满足幼儿的不同游戏需求。

数学区材料根据其结构，可以分为高结构材料和低结构材料。高结构材料一般指有固定或者相对固定的玩法和规则的一类材料，如“数字三子棋”“走迷宫”等材料；低结构材料有各种积木、各种形状卡片、各种扣子、各种雪花片、各种建构胶粒等，这些材料可以进行大小比较、颜色分类、差异排序、模式学习等，取材方便，较为灵活。

数学区材料根据其完整性，可以分为单一的材料和较为完整的一份材料，如三角形、正方形等就是属于单一的活动材料；如教师设计的“图形宝宝分类”，就是属于较为完整的一份活动材料。本书所谈数学区活动材料，均是指较为完整的活动材料。

（二）数学区活动材料的价值

数学区活动材料是目标的物化，每一份材料都涵盖着相应的目标，教师在投放时，要认真思考其价值，也就是为了实现什么目标才投放，避免出现盲目性。当教师在设计材料的时候，要经常思考：投放这些材料要达到什么目的？材料的玩法是否与幼儿的发展水平相吻合？与班级开展的集中数学活动是否形成相互转化的关系？适合本班的幼儿学习吗？材料的隐含目标与本班幼儿的年龄特点、已有经验等是否匹配，是否促进幼儿的学习？等。

例如，小班上学期数学区“点数对应拼图”（如下图）的活动，材料为贴有红、黄、绿三种颜色的9宫格点底板及与其颜色、数量相对应的拼图卡。目标是让幼儿能手口一致地点数3以内圆点的数量，并将圆点卡片摆放到相应数字、相同颜色的9宫格里。

对此材料进行价值的分析：

首先，考虑其适宜性。发现小班幼儿操作时不仅要对应颜色，还要对应数量，还要对应空间，存在一定的困难，难度太大。

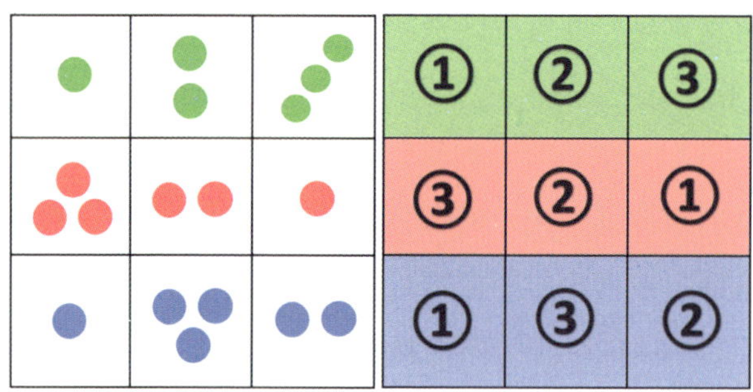

点数对应拼图

其次，考虑幼儿学习特点。对小班幼儿来说，个体差异比较大，有的幼儿数字还不一定认识，对数的概念也不完全理解。基于小班幼儿学习数学需要借助具体的事物，逐步达到对抽象的数学概念的理解这一主要特点，保留了这份材料，再设计一份难度低的材料供幼儿操作。

最后，考虑对材料的调整。设计了两个层次的活动，玩法一“按圆点取物”，目标为“能手口一致地点数 3 以内物体的数量并将物体摆放到相应数量的圆点上”。给小朋友提供了他们喜欢的材料，让他们通过点数将物体放在对应的圆点卡片上。玩法二“摆放雪花片”，目标为“能手口一致地点数 3 以内物体的数量，将相应数量的物体摆放到对应颜色的圆点上”。当幼儿熟悉了这两种玩法以后，再去玩“点数对应拼图”。

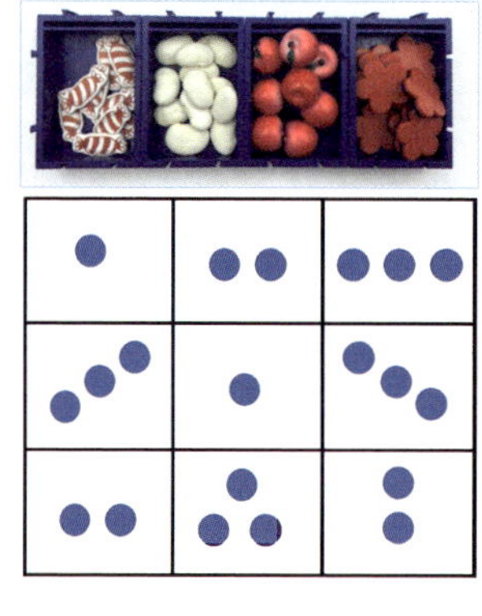

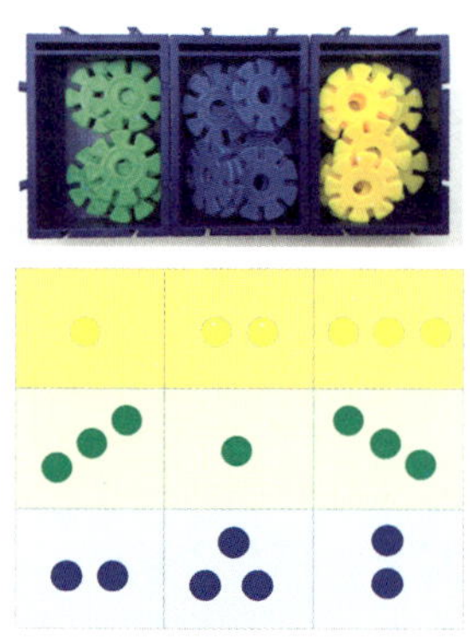

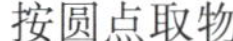

按圆点取物　　摆放雪花片

教师还可以在学期初对数学区活动材料进行规划，需要考虑前后材料投放之间的联系，以及材料投放和集中数学活动之间的关系。例如，同样是“按数取物”“按物取数”的目标，到了中班，教师就要思考在中班投放的材料与小班的不同在哪里？如何让幼儿在原有的基础上有一定的挑战？于是，在中班数学区投放了“停车场”游戏材料，渗透了“按数取物”“按物取数”内容，但提升了难度，要求幼儿能不受形状、大小、排列方式的影响找到对应的数字。

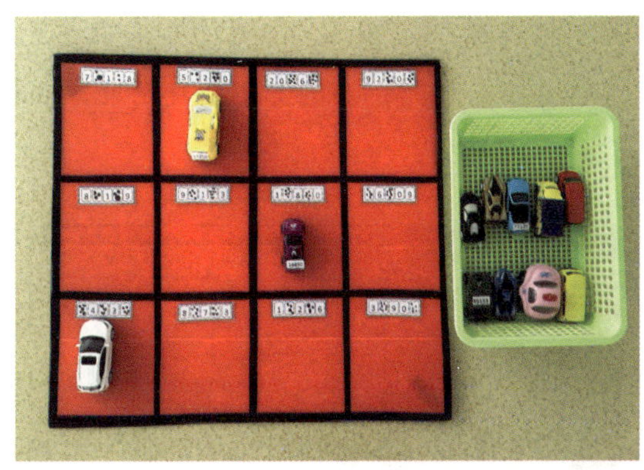

停车场

（三）数学区活动材料的设计

数学区活动具有游戏和学习的属性，但相较于集体教学活动而言，它更为自由灵活，这就要求教师在满足幼儿自主性的前提下，让材料引发新的活动、新的玩法，或通过与其他材料的整合产生更多有价值的游戏或学习活动。因此，数学区活动材料可以从操作性、多样性、开放性和层次性四个方面进行设计。

1. 体现材料的操作性

数学区活动在操作过程中为实现某一目标，幼儿就会按照材料设计的玩法、规则等进行操作，操作结束后会呈现一定的结果。数学区材料的可操作性是其核心特点。如大班数学区“认识球体和圆柱体”中，提供了各种圆柱体、球体形状的实物，如露露桶、薯片桶、乒乓球等。幼儿参考圆柱体和球形体的实物，用橡皮泥动手捏一捏自己理解的圆柱体和球体的样子；教师提供了硬纸板，幼儿可以动手卷一卷制作圆柱体；还投放奶粉桶和各种球体，幼儿自由搭建，尝试怎样把奶粉桶垒得结实、怎样固定球体等，在游戏中体验和感受圆柱体和球体的特征。

例如：小班数学区活动“我玩的苹果”，教师设计的玩法是：两人游戏，将卡片背面朝上摆放在16宫格底盘上，每人每次翻开一张卡片，数量大的物品可以吃掉数量小的物品，如果大小一样则双方收回卡片。最终卡片多的一方获胜。

好玩的苹果

以上可以看出幼儿需要在玩法指导下，遵循一定的游戏规则，才能顺利完成此份材料的任务。

2. 体现材料的多样性

材料的多样性可以理解为材料的玩法灵活、多样、有趣，可以使幼儿在自主选择和材料的互动过程中感受数学的有趣和有用。兴趣是最好的老师。幼儿是以兴趣和需要来维持他们的学习活动，为了让数学材料能吸引幼儿操作时更专注些，持续的时间更长些，老师可以在设计材料时克服单一性、避免重复，玩法多样才能使幼儿的兴趣和需要得到不同程度的满足。

例如：中班上学期数学区“数字接龙”的活动，投放了一些1～10的数字卡，数字卡的正面是数字，反面是对应数量的圆点。为了满足不同水平孩子的需要，这份材料设计了多样玩法，让幼儿体验数序的有趣。

玩法一：把数字卡从1～10正数排列。

玩法二：把数字卡从10～1倒数排列。

玩法三：幼儿可以先排列好一组数列，然后随意从一个有箭头的卡片开始朝正或逆两个方向接着往后排，变成新的数列。

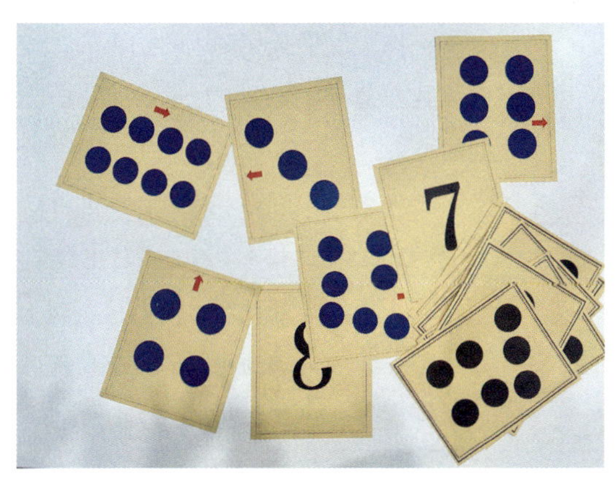

数字接龙

这份材料玩法较多样，幼儿可以根据自己的想法来排数，排列方法随机、灵活，可以排正序、倒序，也可以随意从一个卡片开始排列新的数序，满足幼儿多次操作与探索的需要。

3. 体现材料的开放性

材料的开放性主要体现在玩法相对灵活，能支持幼儿自主进行操作与游戏。如扑克牌这份材料，易获得，玩法也较为开放。一方面，教师可以利用扑克牌的特性，设计出许多不一样的游戏；另一方面，支持幼儿在熟悉扑克牌的基础上，创造出自己喜欢的新游戏。

扑克牌游戏			
内容		目标	玩法
教师设计游戏活动	开火车	对 10 以内的数进行熟练地排序。	按照扑克牌的花色和颜色接龙。
	找相同	按照图形的不同特征进行分类。	将不同花色的扑克牌放在一起。
	找邻居	巩固对 10 以内相邻数的认识。	出示一张扑克，摆放在三个格子的任意位置，再摆放其余两个数。
	拼扑克	理解整体数与部分数之间的关系。	幼儿根据扑克方框上的数字和花色，寻找相对应的花色的二组花色卡片，拼到数字方框里。可以尝试不同数量的拼法，如数字“7”可以用 1 个红心卡片和 6 个红心卡片组合，也可以是 3 个红心卡片和 4 个红心卡片组合。
	拉火车	进一步感知数的实际意义。	幼儿在桌面上从上到下摆放扑克牌，如遇到相同的数字，就可以将两数之间的牌收起来。
	学凑数	巩固 10 以内数的分解与组成。	幼儿确定玩哪个数的组成，如玩 8 的分解组成，就玩凑 8 法，在桌面上从上到下摆放扑克牌，如遇到两数合起来是 8，就可以将两数之间的牌收起来。
幼儿自创游戏活动	吃牌游戏	巩固对大、小数的认识。	两人游戏，同时出牌，看谁的牌数字大，大数吃掉小数，最后比比谁“吃”的牌多，牌多者获胜。
	加减游戏	数的加减运算。	两人游戏，幼儿自行约定开展加或者减的运算，根据出牌大小，计算加减，快且准确者赢。

从“扑克牌游戏”的表中可以看出，教师根据扑克的特性设计了开火车，找相同、找邻居、拼扑克、拉火车等游戏，幼儿在逐步熟悉的扑克牌基础上，自己设计了吃牌游戏，加减游戏。可见，一副简单的扑克牌，玩起来千变万化，引人入胜。将枯燥、抽象的数学知识生活化、游戏化，使孩子玩得轻松、学得愉快，有效地培养了幼儿学习数学的兴趣。虽然不同的扑克牌玩法存在着难度的差异，不同孩子身上也存在着能力的差异，但不管是哪种玩法，都是属于孩子自己的游戏，折射出孩子们的智慧。同时，对其自主学习能力、合作能力、创造能力的培养有很大的促进作用。

4. 体现材料的层次性

材料的层次性重点考虑其难易程度，可以投放不同的材料，采用不同的操作方式，制订不同的游戏规则，这样既考虑到不同年龄阶段幼儿的不同发展水平，又考虑到同一年龄阶段不同发展水平幼儿的不同需要。

例如，中班下学期数学区的“送食品”活动，目标是能从两个角度判定物体的位置。

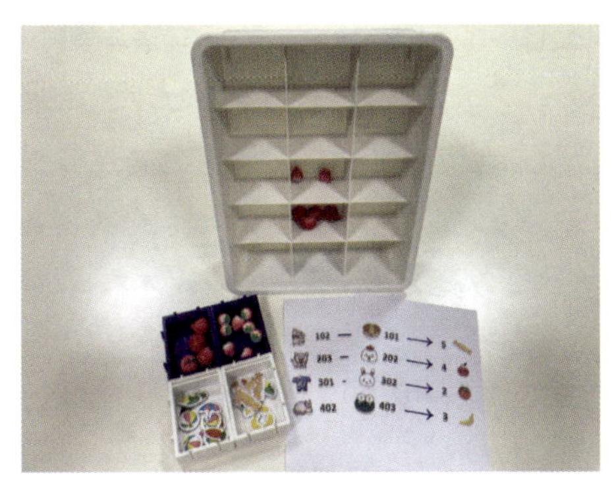

送食品

玩法一：幼儿将箭头放在“房间”的左边或右边，依据起始方向将房号贴在相应的“房间”。如箭头放左边，房号贴在“101”盒子左边第一个“房间”的外面。

玩法二：幼儿根据任务卡上的任务将动物玩偶送回相应的“房间”，如将小象放入201“房间”、小蛇放入304“房间”。

玩法三：幼儿根据任务条上的任务将动物玩偶送回相应的“房间”，并放入相应数量的物品，如先将大象放入201“房间”，再在201“房间”放入5个绿物品。

从以上玩法可以看出，这份材料虽然都是二维判定，但有三种层次的任务，代表三种不同的难度，第一种只需要完成一个任务，第二种需要完成两个任务，第三种需要完成三个任务。这份材料有三个层次的内容，不能一次性投放，而应采用循序渐进的投放方式，让幼儿可以根据自己的意愿来选择任务，可以是单人游戏，也可以是合作游戏。

材料的层次性还体现在教师设计是关注其相互递进的关系，第一种玩法为第二种玩法提供了基础，第二种玩法可能是第三种玩法的基础。也就是可以根据幼儿的游戏情况，生发出新的游戏内容。

例如，中班下学期数学区的“趣味 9 宫格”活动，目标是学习 9 宫格中棋子三连串的玩法，感知空间位置的移动，提升思维的灵活性。教师最初设计的是两种玩法（具体看第二章第二节中班下期数学区活动“趣味 9 宫格”），后面又根据幼儿的实际游戏情况增加了第三种玩法。这三种玩法由易到难，存在哪些层次关系呢？如下表：

项目	人数	玩法与规则	材料	游戏结果图例
玩法一	2 名幼儿游戏。	石头剪刀布，赢者先下。谁将自己的三个棋子横排、纵排或斜排连在一起，谁就赢了。	9 宫格、两色棋子若干。	
与下一个游戏的关系	为玩法二提供了游戏基础，就是幼儿能想办法让自己的棋子三连串。			
玩法二	1 名幼儿游戏，熟悉后 2 名幼儿开展比赛。	幼儿将 8 片（3 种颜色）花片随机摆放在 9 宫格子上，通过上下、左右移动花片，使得花片横排或者纵排是一样的颜色，挑战成功。	9 宫格、3 种颜色的花片（蓝色 3 个、绿色 3 个，黄色 2 个）。	

续表

项目	人数	玩法与规则	材料	游戏结果图例
与下一个游戏的关系	为玩法三提供的游戏经验是了解棋子上下、左右的空间关系，能用最为简便的方式移动花片，使其较快地实现同色花片横向或者纵向连串。			
玩法三	1名幼儿游戏，熟悉后2名幼儿开展比赛。	幼儿将13片或者14片（4种颜色）的花片，按照操作提示卡，摆放在16宫格子上，通过上下、左右移动花片（因为空格较多，可以让幼儿纵、横多格移动），使得花片横排或者纵排是一样的颜色，挑战成功。	16宫格，操作提示卡，4种颜色的花片（黑色3个、蓝色3个、绿色3个或4个、黄色4个）。	
	备注：玩法三的提示卡可以分为二个等级：一星操作卡片空白格子为3个；二星操作提示卡片空白格子为2个。			

（四）数学区活动材料的调整

数学区活动材料不是一成不变的，在活动的某些时段，教师应根据教育目标和幼儿的发展需求，对原有材料的价值进行分析后，适时对材料进行调整，以满足幼儿探索的需要，同时提升资源的有效利用率。随着区域活动在幼儿园的普遍开展，越来越多的教师关注幼儿园区域活动的材料调整，许多教师能意识到数学区的操作材料调整影响着幼儿的数学学习。如果材料一成不变，就会产生经验重复，或者材料变化过多，就会让幼儿无所适从。因此，有序地在投放材料后进行灵活的调整，才能保持幼儿对数学区继续探索与学习的兴趣。

1. 数学区活动材料调整的依据

（1）依据幼儿数学学习的路径

幼儿学习数学应按照一定的路径发展。这也就决定了幼儿园数学教育内容具有一定的系统性。有研究表明，比较前后两数大小的能力，是幼儿在 4 岁以后发展起来的，5 岁的幼儿能理解一个数与其相邻的两数之间的大小关系，6 岁的幼儿能比较顺利地排列 10 以内的数。这就意味着幼儿先学习比较前后两数的大小，再到理解相邻数之间的关系，而对 10 以内的自然数进行排列，必须建立在前两个阶段的基础上。可见，在区域活动中，教师应将幼儿数学学习路径作为调整数学区材料的一个重要依据。这也是教师投放数学区材料的核心线索。例如，排序这一方面的教育内容，教师材料调整的线索可以定位为物体排序→图形排序→数排序三个不同的层次。

（2）依据幼儿发展的水平

幼儿学习数学过程中必须借助具体的事物或形象，也就是说他们还需要建立在动作水平上的操作与探索。操作材料正好符合幼儿的心理需求，也有助于他们的数学学习，所以材料调整的时机尤为重要。材料调整过早，幼儿对内容还不了解，容易变得无所适从；材料调整过晚，幼儿的兴趣点如同昙花一现，再也无法找回。在某一阶段一次性提供给幼儿游戏的材料，也会造成操作材料本身与幼儿的发展水平不匹配，导致幼儿无法驾驭活动材料。因为集中性地进行材料更新，不仅忽视了数学知识本身的逻辑关系，而且忽视了幼儿个体的差异。因此，在调整材料之前，教师要对幼儿数学学习情况进行分析、评价，确定后续材料调整的目标，这一过程是动态的、发展的。例如，中班下学期，教师设计了“补充排序”“接着前面规律排序”“按照教师设计的标识排序”等材料投放到数学区，目的是促进幼儿对模式的认识。许多幼儿拿了一份按一定规律排序的材料快速地操作完就放回去了，可见，此份材料已经满足不了幼儿的需要，导致幼儿游戏热情降低，无法激发幼儿探索的愿望，这时候教师就要调整活动材料。可见，观察是了解及评价幼儿在活动区的兴趣及能力表现、了解幼儿个体和群体信息的主要途径。观察幼儿数学区学习情况，了解幼儿数学认知能力，明确调整材料的目标，同时也能为教师调整材料提供依据。

2. 数学区活动材料调整的方法

（1）整合材料

整合材料是指不同内容活动或不同区域的材料相互组合在一起，形成新的促进幼儿发展的目标。

夹夹乐 1

例如，小班数学区活动“夹夹乐”，教师就是将生活区的活动材料和数学区的活动材料相整合，将原来的随意夹夹子调整为根据一定的颜色、圆点或数量等进行夹夹子。其材料调整的路径为：随意夹夹子→根据颜色夹夹子→根据圆点夹夹子→根据数字或圆点夹夹子。

夹夹乐 2

夹夹乐 3

这样既促进了幼儿精细动作的发展，又促进了幼儿数概念的发展。幼儿计数能力发展需经历口头数数→按物点数→说出总数→按群计数四个阶段，因此，幼儿计数能力发展也成了区域材料整合的一个重要依据。幼儿计数能力是随着计数活动经验的不断积累逐步提高，而按物取数（按数取数）是培养幼儿点数能力的一个较为常见的内容。对于 4 岁左右的幼儿来说，教师应该为他们提供实践和操作的机会来提高其手口一致的点数能力。

例如，小班数学区活动“认识白天和黑夜”，教师就是将语言区的活动材料和数学区活动材料相整合，设计了三个骰子，第一个为时间骰子，第二个为地点骰子，第三个为人物骰子。让幼儿在活动过程中表述，白天谁在做什么，感知白天与黑夜的时间概念。

认识白天和黑夜

（2）增加难度

增加难度主要指增加新的材料或新的信息，提高材料的操作难度，幼儿的学习难度也随之提高。这是对原有材料的提升和创新，也意味着有新的任务吸引幼儿。

例如，中班数学区活动“按规律排序”，教师根据幼儿的实际情况，增加了两次游戏操作材料。第一组材料为做花环，花朵数量少，相对固定，干扰少，较为简单；第二组设计帽子花边，提供了不同形状的图形，满足幼儿创设不同的规律；第三组设计裙子花边，仅提供幼儿平日设计裙子的底图，让幼儿自由运用排序方法为裙子设计各种花边。这样就大大地满足了幼儿的需要，其中第三组材料对幼儿来说有一定的挑战。这组材料的调整是依据幼儿掌握规律的数学学习路径，即幼儿对物体排列规律的理解——发现规律——自行设计简单规律。教师通过一定材料的暗示，从易到难，引导幼儿在练习过程中模仿、扩展和设计这些规律，让幼儿从实物排序过渡到了用图画或符号进行排序，促进了幼儿排序能力的发展。

设计花环

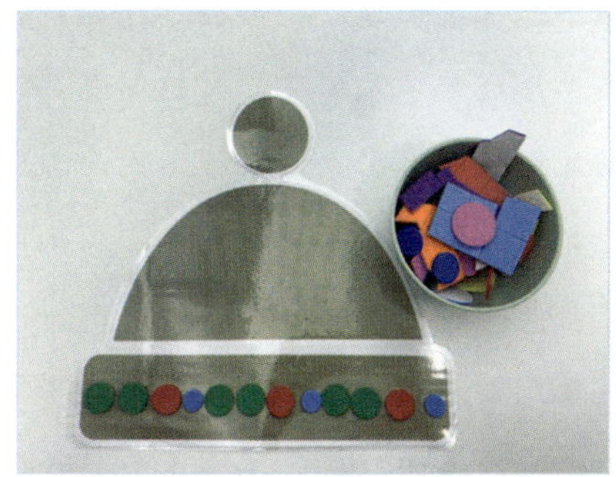

设计帽子

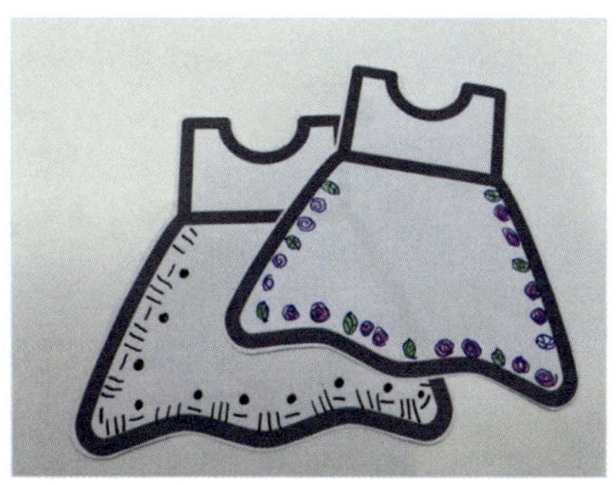

设计裙子花边

（3）降低难度

降低难度主要指减少原有的材料或简化游戏的规则，材料的难度降低，学习难度也随之降低。

例如：大班数学区活动“找一找，摆一摆”，引导幼儿识空间方位。

教师投放的第一份材料，主要有一个 6 * 6 宫格的游戏底板，在底板中间有一只小兔子，再提供多个任务条。根据任务条的要求，如要找出小狗的位置，提供的任务条指示是：往兔子的右边移动三个格子，就是小狗的位置。要找出大象的位置，提供的任务条指示是：往小狗的上方移动一个格子，再往左边移动一个格子，再往下移动一个格子。其他动物的位置也是以此类推进行寻找。也就是如果找错了小狗的位置，那么大象的位置也就错了。任何一个任务条操作错误，就会导致后面的动物位置都会出错。很多幼儿玩起来无从下手，出错率高，难度特别地大，任务条的前后关系对幼儿游戏具有很大的挑战，因此教师调整了这份材料的难度。首先，对游戏的任务条进行了重新设计：原来的任务条之间存在关联，重新设计的任务条是一个独立的任务，不受前一个任务条是否正确操作的影响，也就是说幼儿即使做错了一条任务，也不影响其他任务的完成。其次，随之改变的还有原有的底板，不再是一只小兔，而是变成多个动物，让幼儿在摆放位置的时候，参照物始终是固定的。第一份材料依然可以使用，用来做升级挑战，就是在幼儿操作熟练的基础上，可以陆续增强任务条的难度或是让任务条之间具有一定的关系，以满足不同发展阶段幼儿的需求。

“找一找，摆一摆”

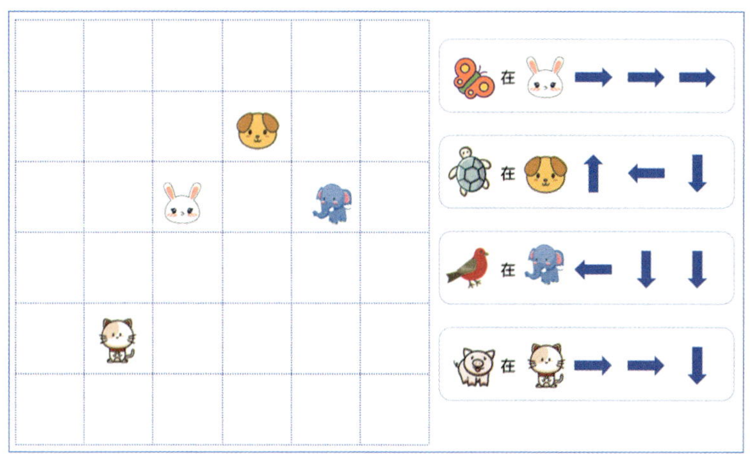

找一找，摆一摆（降低难度后的材料）

（4）赋予游戏

赋予游戏是指本身一些单一的活动，增加一定的游戏情境或者竞赛，增强了学习数学的趣味性和挑战性。数学区材料在保证丰富的种类、外观新颖的基础上，还需要营造问题情境、有一定的游戏氛围。如小班按数取物这一目标，直接用简单的卡片也可以让幼儿进行练习，但是比较单一、无趣，会让幼儿感到枯燥和乏味，通过游戏的形式，就显得生动有趣了。

例如，小班数学区活动“按数取物”。若仅是让幼儿根据数字，取相应数量的物体，比较单一。教师设计了钓鱼游戏，幼儿随机抽取数字卡片，根据卡片上的数字，钓一定数量的鱼；还可以是两个幼儿进行比赛游戏，看谁钓得又快又准确，这不仅发展了幼儿手眼协调能力，而且通过两人的比一比、数一数等活动，让幼儿自然而然地获得了数概念的发展。

再如，大班数学区活动“相邻数”。将生活中常见的扑克牌作为游戏材料，目标定位在“复习 10 以内的相邻数，进一步理解某数与相邻两数之间的关系”。幼儿在游戏时若两人一组，将扑克牌平均分配。两名幼儿用“锤子剪刀布”的方式决定谁先出牌，赢的幼儿从手中随意抽取一张牌放在操作底板的中间，另一名幼儿从手中的牌中找出该牌的相邻数，并进行表述。比如一名幼儿出的牌的数字是5，另一名幼儿就要找出4和6，按正确的顺序放在操作底板上，口述“5的相邻数是4和6”，并将牌收起来放在一边。若无牌可出时，幼儿可用口头表述带过，牌先出完者为胜。游戏可重复进行，甚至可以计时比速度。调整后，游戏性和趣味性大大增强，幼儿的操作时间也明显增长，游戏的兴趣也更为浓厚。

数学区内容可以设计出很多好玩的游戏活动，具体如下：

①对抗游戏。对抗游戏是设计游戏时常常采用双人或者两组对弈游戏的方式，通过对弈激发幼儿游戏的积极性、主动性，关注对方游戏进度等。对抗游戏中AB的游戏任务往往不同，并且与对方是相对抗的，如数字三字棋、单双数大PK、相邻数夹球对垒、9宫格三子棋等。在此类游戏中，有的幼儿还会给对方设计一下小障碍，阻碍对方前进等。

②竞赛游戏。竞赛游戏是双方以比赛的方式进行的数学游戏，和对抗游戏最大的差别是：竞赛游戏中AB更多是完成同一任务，比谁完成得快？找得多？时间短？如大班数学区活动“超市任务清单”，可以一人玩，但教师将其设计为竞赛游戏，两名幼儿根据操作底图上的任务线路图，对物品进行按数取物或者按物取数，先到达终点为获胜者。再如大班数学区活动“走迷宫”。两名幼儿游戏，一人走单数的迷宫路线，一人走双数的迷宫路线，各取数量相等的扑克牌，同时出示一张牌，将两牌上的数字相加（相减），得出的数如果是单数，绿色棋子先走，如果是双数，红色棋子先走，最后看谁先到达获胜。

③合作游戏。合作游戏主要是幼儿以小组形式共同完成一项任务，并进行简单的分工。如大班数学区活动“看图摆造型”。幼儿根据抽取的游戏卡信息拼摆出相同的造型，教师将游戏改为“我说你摆”，两名幼儿进行游戏，一名幼儿根据游戏卡的信息，能借助手势或者语言表述积木的空间位置，比如取3块黄色的积木摆在第一排，再取3块绿色的积木摆在黄色积木的前面……此类游戏需要参与者之间相互配合，而且在合作过程

中，有的小朋友会充当“小老师”的身份发挥“指导”的作用，促进幼儿之间的相互学习。

其实，数学区材料的调整是教师的一项智慧性的工作，它要求教师拓宽思路和视角，从多角度、以发展的眼光来看待材料蕴含的价值，使材料充满灵性，为幼儿数学学习提供支持。

六、数学区活动的指导

幼儿园数学区活动的指导可以从三个基本环节着手，分别是：开始环节、幼儿自主游戏与教师观察指导环节、分享交流环节。开始环节，由教师向幼儿介绍区域内容、材料、规则或是回忆待解决的问题等，占用的时间比较短，一般占区域活动时间的10％左右。幼儿自主游戏与教师观察指导环节，这一环节是幼儿自主选择游戏材料，教师观察幼儿的活动情况，了解幼儿的发展水平，根据幼儿活动情况，需要有针对性地进行指导，通过有效的师幼互动支持幼儿发展。教师对幼儿游戏行为的观察、分析和指导能助推幼儿的学习与发展，一般占区域活动时间的75％～80％。分享交流环节，通过教师与幼儿、幼儿与幼儿之间的交流、分享，汇聚各种有益的信息，并经过分析、梳理，获得新的认知经验，促进幼儿的发展，一般占区域活动时间的10％～15％。

这里需要说明的是，数学区的活动不是单个区的活动，而是与其他区域活动同步进行的。这里主要指的是将数学区活动作为本次区域活动的重点内容导入，是教师观察与指导的重点对象，也是需要有针对性地开展分享与交流。

（一）开始环节

围绕数学区活动作为重点的导入，其开始环节主要有以下几种导入方式：

1. 介绍新活动的导入

这种导入方式是指教师设计的数学区活动内容是新的，材料是新的，其活动玩法是幼儿不了解的，教师需要通过对材料、玩法等进行介绍或演示讲解，让幼儿掌握和理解后才能参与活动。

【例】 大班数学区活动“数字三子棋”的导入方式

介绍游戏材料与玩法。

· 认识游戏材料。

引导语：老师带了一份游戏材料，我们一起观察下有什么？

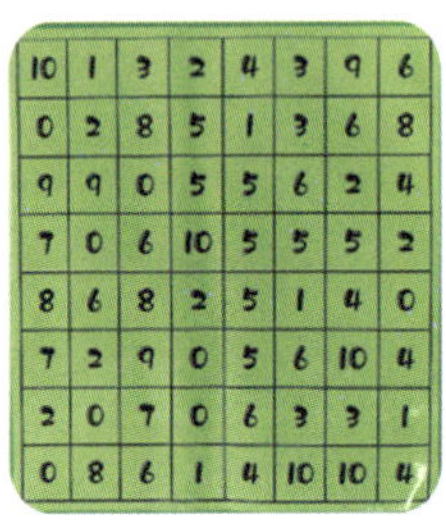

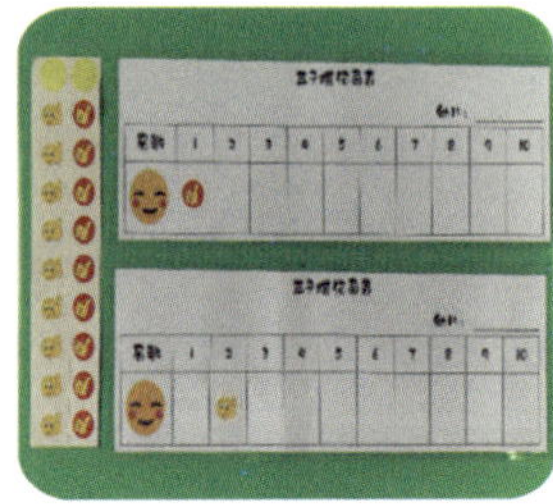

游戏材料

· 幼儿观看视频，理解玩法。

引导语：我们一起看视频，看看是怎么玩的？

提问：几人游戏？（两人游戏）通过什么方式决定谁扔骰子？（猜拳）你还有其他方式吗？理解怎么玩了吗？

· 师幼共同梳理玩法：

1. 两人游戏。游戏开始，先摆放好数字底板，双方各选一相同颜色棋子。

2. 两人通过猜拳游戏决定谁先扔骰子。

3. 先扔骰子的人根据两个骰子上面的数字做加法运算，算出得数后，把自己的棋子放在底板的相应数字上。

4. 谁的3个棋子能够纵向或横向或斜向连起来就为赢，赢的一方在记录单上贴上一张贴纸，活动结束，看谁得的贴纸多。

·教师结合PPT的四幅图，进一步引导幼儿理解纵向、横向、斜向连起来为赢。

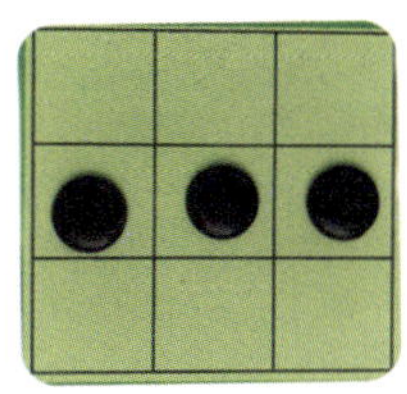 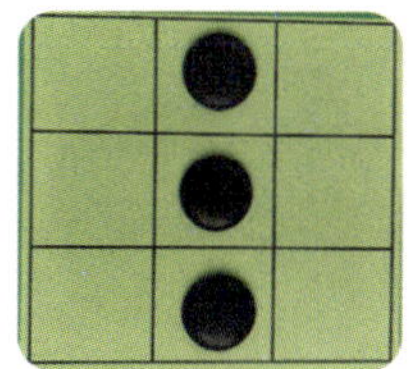 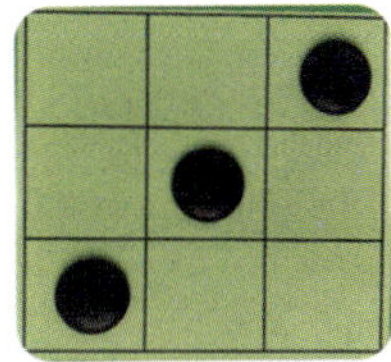 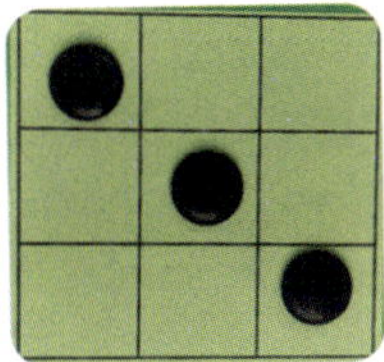

梳理图片

2. 推进活动的导入

这种导入方式是指教师在观察分析前一次区域活动中幼儿学习与发展的基础上，调整活动目标或者活动材料，引导幼儿认识调整的材料、讨论新的玩法、制订新的规则等。

【例】 中班数学区活动“小鱼游”导入方式

出示新的操作底板，引导幼儿观察底板上标志卡片，懂得颜色标志卡是摆放在第一列格子里，箭头指示卡是摆放在第一排格子里。

引导语：小朋友们，上周我们都能根据箭头指示找对小鱼游的方向，今天我们游戏要挑战升级啦，看，老师今天带来的操作底板。

提问：新的操作底板和原来的操作底板有什么不同？

这个颜色标志表示第一列要贴什么卡片？

箭头标志又代表什么意思？

小结：原来颜色标志表示第一列要摆上颜色标记卡，箭头标志表示第一排要贴上箭头指示卡。

出示新材料，师幼共同探索游戏玩法。

·出示单个颜色标志卡，引导幼儿摆放。

提问：（教师摆放单个颜色标记卡）那这时候小鱼应该怎么摆呢？

· 出示四种颜色标记卡，引导幼儿尝试操作。

提问：刚才小朋友们已经懂得了单个颜色标记卡的游戏方法，那如果变成四个颜色标记卡你们知道怎么做吗？谁愿意来说一说这四个颜色标记是什么意思？我们要怎样摆放小鱼？这是有点难度的哦，感兴趣的小朋友也可以挑战一下！

· 提出本次游戏要求。

小朋友们可以选择单个颜色标记卡，也可以选择四种颜色标记卡，但是一定要认真观察标记卡和箭头指示卡进行操作，做好后还要认真检查一下自己是不是都摆对了。如果你的操作材料已完成，可以交换材料继续玩或者合作一起玩。

3. 解决问题的导入

这种导入方式应与分享交流前后呼应，教师对活动中存在的问题与幼儿共同讨论，寻找新的解决方法，或是共同制订新的游戏规则，并鼓励幼儿大胆尝试。

【例】 大班数学区活动“多角度分类”的导入方式

请幼儿观察活动记录表，发现记录存在的问题。

引导语：小朋友们，这是你们在玩多角度分类这个材料过程中的记录表，请你们观察，说一说你们的发现。

两名幼儿多角度分类的记录情况

提问：如何让大家清楚地看到你记录的信息，也能让大家明白你分类的理由呢?

小结：小朋友刚才都说了很多方法，如：按顺序记录，并且用数字标注有几种分法；分类标识要记录清楚，让大家一眼就看明白；还可以和小朋友交流自己的分类方法。

（二）幼儿自主游戏，教师观察指导环节

数学区活动是教师设计的有目的、有计划、有组织的活动，活动开展离不开教师的观察与指导，教师在“幼儿自主游戏与教师观察指导环节”中启动形成性评价，因此，教师需要事先制订相关的计划，明确观察和指导要点，而教师的指导需要在观察幼儿数学学习的情况下，结合间接指导和直接指导，促进幼儿的数学学习。如大班数学区活动“数字三子棋”，节选了教师设计的观察指导环节的活动计划。

【例】 大班数学区活动“数字三子棋”的观察指导环节

幼儿自主游戏，教师观察指导。

· 幼儿根据自己的兴趣自由选择游戏场地及游戏材料。

· 重点观察内容：三子棋。

观察要点：

幼儿对两个骰子的圆点或数字进行相加的计算方式。

在数字底板上骰子是怎么进行摆放的，如有的是随机、有的是就近原则。

幼儿在活动中遇到问题，及时给予帮助和引导。

指导要点：

引导幼儿将两个骰子上的数字相加，并算出总数。

算对的一方将棋子放在数字板相应的数字上。

三子连在一起则为赢，赢的一方在记录单上贴一张贴纸。

继续投骰子开始新一轮游戏。

1. 观察陪伴，指导幼儿自主探索

在数学区活动中，教师提供丰富的材料，满足幼儿的操作与探索，但教师不是袖手旁观，是以一种“参与者”“合作者”“陪伴者”的角色融入幼儿活动过程，通过“听”“看”“问”等方法，才能了解幼儿的兴趣与需求，察觉幼儿活动的情绪情感，捕捉幼儿的闪光点、矛盾点、疑难点，识别和判断幼儿发展现状与数学学习的典型性行为，以便及时调整支持策略，通过示范、演示、合作、提醒等方式，给予更适宜、个性化的指导。

例如，小班数学区“找瓶盖”。轩轩和泽泽一起来到了数学区玩找瓶盖的游戏。轩轩拿了一个写有数字 2 的瓶子出来，翻找后，取一个画有 4 个圆点的瓶盖，盖在上面。然后他开始拿出串珠，往瓶子里一个一个放，把整个瓶子都塞满了。教师走过去对他说：“你看瓶子上写的是数字几?”他看了一眼说：“是 2。”教师又问：“那瓶盖上的点是几个呢?”他把瓶盖取下来，用手指点数后说：“5 个。”教师请他再认真地数一次，他说道：“不对，是 4 个。”教师问道：“那 4 个圆点的瓶盖和数字 2 的瓶子是不是一对?”接着，他在剩下的瓶盖中一直翻来翻去，最后找到了 2 个圆点的瓶盖并盖在了数字 2 的瓶子上。轩轩拿起手中盖好盖子的瓶子给我看，我赞赏地点了点头，他开心地笑了。

2. 材料暗示，助推幼儿自主操作

在数学区活动中，幼儿自由、自主地与材料进行互动，学习形式相对独立，每个幼儿操作的材料和玩法各不相同，当幼儿对材料的探究和操作有了初步体验之后，为了支持幼儿的进一步自主探索，教师可根据幼儿的发展水平和实际需要，增添一些符号或提示卡，使幼儿能最直接、最快速地根据提示卡的内容进行新的游戏操作，发挥材料暗示的价值。

例如，中班数学区活动“分扣子”。幼儿每次操作都只按颜色进行分类，只关注扣子的颜色，不曾注意扣子的大小、形状也不同，更不会注意

到扣子有不同的扣眼。于是教师对材料稍作调整，将原来的分类板替换成分类盒，增添大小、颜色、形状和扣眼的分类提示卡，为幼儿提供了不同的操作线索，使他们意识到这些扣子可从其他不同角度进行分类，并较好地完成游戏。当幼儿再次进行分扣时也不再是一维分类，而是按多种角度进行分类。这样具有引导性的操作和提示能够使幼儿的学习更自主，启发他们举一反三，对其他的游戏也进行类似的尝试，使幼儿的操作探究更具发展价值。

3. 支持表达，鼓励幼儿语言描述

研究表明，教师的数学语言和儿童数学学习呈正相关。主要表现在教师使用的数学语言越多，儿童在数学学习过程中的表现就好，教师数学语言的质量，也会影响儿童数学概念的掌握。语言是思维的工具，幼儿数学教育中的符号表征主要表现在数学语言的作用。之所以强调数学语言，是因为幼儿学习数学，不仅需要动手操作，还需要通过思考和语言交谈，让他们的思维更具体化、清晰化，也更概念化。表达是检测幼儿是否已经掌握核心经验的重要参考指标。幼儿在进行操作时，能用语言表达其操作过程，有助于动作过程内化。不同于日常语言的表达，数学的表达需要幼儿使用规范的数学语言，而老师需要鼓励幼儿用自己的语言进行描述，体会其生动性和形象性。

例如，小班数学区活动“方位说一说”。教师以一个木桥为活动的主材料，让幼儿通过观察游戏方位卡的标识，选择物品进行方位摆放。该活动将抽象的上下、前后、里外的空间位置关系，通过操作变得更加具体。在游戏过程中要引导幼儿说一说物体的空间位置，如幼儿说：“我把汽车放在桥的下面”“我把汽车放在桥的上面”。

4. 问题启发，促进幼儿自我反思

在幼儿的活动过程中，教师应关注幼儿的探索学习情况、同伴之间的

交往情况，了解幼儿面临的各种困难和问题，从而及时把握介入的适当时机。教师的指导不能局限于知识和技巧的直白灌输，应在幼儿充分操作和探索的基础上用巧妙的指导语给幼儿提供帮助，如提问幼儿“你是怎么发现的”“还有其他办法吗”，或者引发幼儿思考“你是怎么进行设计的”“说一说你们俩在玩的过程中遇到了什么困难”等，只有当幼儿确实因其本身经验与能力的局限，导致活动难以为继的时候，才给予一定的支持。教师要善于提问，问题要问到点子上，才能启发在关键处，使得问题起到引导幼儿思路以及探索方向的作用。当然要充分保障幼儿创造性、积极性的发挥，尽量让幼儿在自由地学习、探索和发现过程中获得发展，让数学区活动真正成为幼儿自主且快乐的活动。

（三）分享交流环节

分享交流环节是在教师的组织与指导下，教师与幼儿、幼儿与幼儿之间的交流，分享幼儿在区域活动中的经历、经验、感受和问题的过程，并经过分析、梳理，获得新的认知经验，促进幼儿的发展，是幼儿园区域活动的重要组成部分。围绕数学区活动进行的分享，教师在把握一定原则的基础上，采用多样化的分享策略，促进幼儿语言和思维能力发展，帮助幼儿梳理、反思、提升经验，促进师幼关系和同伴关系的发展，对高质量的数学区活动开展具有重要的意义。

例如，大班数学区活动“数字三子棋”，节选了教师设计的分享交流环节的活动计划。

【例】 大班数学区活动“数字三子棋”的分享交流环节

分享交流。

引导语：今天有4位小朋友在玩“数字三子棋”，请他们根据记录表，来说一说游戏的结果。同时，老师也请他们说一说，怎样玩，才能让三个棋子快速地连接在一起。

这个活动的分享交流主要围绕两项内容进行：第一，幼儿记录的结果能够很清晰地看到他们游戏活动中每一局的输赢情况；第二，要想让自己的三个棋子快速连接在一起，就要知道邻近放棋子的原则。

1. 分享交流的原则

（1）内容要有针对性

一般有两种思路：第一种思路是教师事先预设的内容，这类内容可以和开始环节相呼应，也可以是当下活动重点观察和指导的内容。如教师说：“谁能结合记录情况分享交流下，你今天在年历上找到几位小朋友的生日，谁来介绍一下？”第二种思路是在活动过程中随机生成的，是需要积累的新的认知经验，这些新的认知经验会成为幼儿聚焦和兴趣的内容。

（2）提问要有设计

好的提问可以激发幼儿学习兴趣，启发幼儿学习思维，调动幼儿学习的积极性。一次成功的区域分享交流离不开教师恰当、合理、艺术、开放的提问设计。一般情况下，提问可以分为描述性提问、比较性提问、分类性提问、假设性提问、反诘性提问等。教师可以根据幼儿的回答，进一步提出一些具有探究性的问题，或是通过追问，启发幼儿进一步阐述自己的发现和观点，从而修正、补充不完善的答案。如教师问：“嘉嘉分帽子的时候，有 3 种分法，你有几种？请你来说一说。”

（3）激发幼儿的主动性

幼儿是主动学习者，是学习的主体，但幼儿的自主性和教师的主导作用并不是矛盾的，而是相辅相成的。在分享交流中，“制造问题式交流分享”“无实物式交流分享”“汇报式交流分享”没有关注到幼儿的需要，教师只有将问题聚焦于幼儿感兴趣的内容，才能引发幼儿积极的交流与互动。教师要重视交流的现场体验感，让幼儿具体、真实地谈感受，总结经验。如教师请玩“我说你摆”游戏的小朋友来说一说，在游戏过程中两人合作出现了什么困难，是怎么解决的，请他们把游戏合作的好方法分享给大家。

（4）要建立在观察的基础上

理解幼儿是教育的基础，而观察则是理解幼儿的基础。区域活动中的观察与记录，可以帮助教师客观、真实地了解幼儿的语言、表情、动作、交往等的发展水平与现实需要，有利于教师调整指导策略。

2. 分享交流的形式

根据分享交流的对象，可以相对地划分为集体分享、小组分享和个别分享三种组织形式。这三种分享交流的形式教师要灵活选择，选择哪种形式既受到分享内容的影响，也受到当下幼儿活动情况的影响。一般情况下，对于新投放的材料，参与活动的幼儿比较少时，宜选择小组进行分享与交流，这样有利于小组间的经验分享，引起幼儿的共鸣，使得单位时间内更为聚焦问题的解决。对于幼儿较为熟悉的材料，在操作过程中生发了新的游戏内容、幼儿有了新的想法、出现了有价值的行为、生发了新的问题等，需要通过经验共享，引发大家讨论，共同解决问题等，这些具有共性的内容适宜集体分享交流。当然，有时候也需要照顾个体的需要，让某幼儿在集体面前充分地展示自我，体会到成功和自信时，也是需要采用集体分享交流。个别分享交流主要针对个别幼儿在活动中存在的问题，教师可以在活动中观察其行为，再通过良好的师幼互动，给予适宜的指导与支持。

3. 分享交流的策略

（1）梳理提升，巩固幼儿自我经验

面对数学区中的材料，不同的幼儿操作的过程和结果都会有所不同。在分享交流环节中，教师要将幼儿个人的经验变成大家共有的经验，将零碎、随机生成的活动经验进行梳理和重构，经过“捋一捋”变成新的经验。

例如，在区域活动结束后，围绕数学区活动“四等分”开展的分享交流环节，教师请幼儿先说说自己分的是什么食物，怎么分的，再请大家一起验证是否等分。还鼓励幼儿与同伴交流同种食物不同的分法，并将食物与老师同伴分享。这样的分享交流中，重点让幼儿知道能用不同的方法将华夫饼、火腿、饮料分成相同的四份，感知等分在生活中的运用。

（2）解决困惑，引发幼儿思考和讨论

数学区活动刚开始，幼儿面临的是新材料、新的玩法、新的体验，就可能是带着问题进行探索，或是在活动中遇到新的挑战，如果没有解决，活动就会进入停滞状态，因此，活动结束后，教师可以引导幼儿解决相应的困惑，并围绕聚焦的问题展开讨论。这里重点关注的是幼儿采取什么方法、如何解决困惑。将困惑通过“议一议”，梳理出关键点，找到解决问题的方法。

匹配大师材料

例如，大班数学区活动“匹配大师”原是一款趣味桌游，内含20个长方体游戏积木、60张挑战题卡，教师通过降低游戏难度和调整玩法，投放到大班数学区供幼儿游戏。首先，让幼儿观察挑战卡上组合积木的颜色、图案及位置。其次，寻找积木，通过翻转、旋转等摆出与挑战卡相同的组合。发展幼儿的图形感知、形状组合、图案记忆、反应速度等能力。活动结束后，有的小朋友操作速度快，有的小朋友玩很久难以成功。就围绕这个困惑，展开讨论，幼儿就说了长方体游戏积木是有6个面，要注意观察，其中4个面特别重要；先玩一星的卡片，再玩其他星级卡片；图形可以多翻转几次，熟悉了材料就比较容易了。

（3）情感共享，激励幼儿继续探索

在数学区活动中，幼儿会亲身体验到成功、喜悦、失败、悲伤等情绪情感，分享环节正好为幼儿提供了交流、抒发情感的机会，幼儿可以分享交流活动过程中丰富的情绪体验，以引起其他幼儿的理解和情绪共鸣，促进幼儿同理心的发展，如果幼儿表达自己的成功体验，就可以大大激发幼儿继续探究的欲望；如果幼儿表达自己在操作过程中的困扰，又可以成为解决某一问题的“催化剂”。

例如，中班数学区活动“摆花片”，是让双方幼儿通过识别规律条上的规律，轮流掷骰子，根据大小，优先在格子底板上进行规律摆放，提早完成任务者为赢。在分享交流过程中，有幼儿生气地说：“我们玩法都不一样，结果都不知道谁输谁赢了。”还有的幼儿泄气地说：“一局游戏要玩很久，太累了，不好玩。”到底是什么原因，让幼儿产生这样的情绪呢？老师立即让幼儿讨论，是幼儿不理解玩法吗？幼儿之间可以如何合作呢？是材料难度太大吗？那应该如何调整？

（4）评价鼓励，推进活动发展进程

在数学区活动结束后适当进行开放、客观的评价，对幼儿兴趣的培养、解决问题能力和经验的提升等都有着不可小觑的作用。评价活动主要根据幼儿在活动中是否能够发挥自主性和积极性、幼儿的活动行为是否具有一定的目的性和计划性以及幼儿能否和同伴或者操作材料有效互动等指标展开。评价活动主体不仅是教师还有幼儿，随着幼儿年龄的增长和经验的积累，可逐步过渡到以幼儿自评和互评为主。关注幼儿自我评级，教师要支持幼儿自己设计活动记录表、选择记录方式，记录的过程不仅是对自己游戏活动复盘、反思，也是自我评价的过程。多用鼓励和肯定的方式对幼儿在数学区活动中的行为进行积极评价，才能让幼儿真正体会到数学区活动的快乐，更好地推动幼儿各方面的发展。

七、数学区活动的观察

幼儿园数学区是数学活动开展的重要形式，是幼儿数学学习与发展的主要载体，也是教师更好地观察、了解幼儿数学学习的特点、发展状态和水平的主要场地。笔者从“教师观察分析幼儿数学学习行为的研究”中发现，教师能客观地记录幼儿的行为，但对幼儿数学学习行为进行分析的能力还有待提高。主要原因有：第一，幼儿数学学习行为的复杂性以及行为表现的相似性，对教师来说存在一定的分析困难；第二，数学区本身是个性化学习的区域，幼儿的学习受到材料、环境、教师指导因素的影响；第三，教师对幼儿数学学习行为的分析存在差异。

（一）把握观察主线

数学区的观察需要确保有效。观察的过程，是教师对自己观察的内容进行分析与思考的过程。具体而言，就是教师通过观察幼儿在活动区游戏中的行为来分析、判断自身所确定的教育目标、投放的材料以及在区域活动开展过程中的具体指导策略是否适宜，思考为什么适宜或不适宜，并采取一定的措施，这个“为什么”就是观察的关键所在。为了有序、科学、缜密地观察，教师可以根据观察主线实施观察。

这个观察的主线在每个阶段可以是相对独立的，但实际的观察过程中又存在一定的紧密联系，在观察与分析的过程中，实际上可以说是螺旋上升的方式，因此，各个部分存在一定的交叉和融合。

观察主线

关于明确观察目的：观察目的决定了观察者的行动方向，也就是说为什么观察？想观察什么？

关于确定观察内容、对象、时间、地点：主要体现为教师要观察什么内容、对什么人进行观察、教师打算在什么时间进行观察、一次观察多久、观察的对象是一个还是多个、教师选择某一时间进行观察的理由等诸如此类的思考。如可以是围绕材料进行的观察，凡是来玩数学区“装糖果”这一活动的孩子都是观察的对象。可以是追踪某一名幼儿进行的观察，观察幼儿在玩“给服装分类”时的表现。为了区分幼儿的年龄差异，记录时需要标注观察对象的年龄、时间等。

关于选择观察方法：对数学区活动中的幼儿行为进行观察的合适方法主要有扫描法、定点法和追踪法。

关于制定观察提纲：提纲可以是观察内容的具体化，提纲的具体内容简单地说，主要包括时间、人物、地点、事件。但也只是一个大体的框架，为观察提供一个方向，而且即便制定好的提纲也可以在观察的具体过程中根据现场观察的具体情况进行调整，可以说观察提纲伴随着教师观察的过程。

关于选择观察工具和辅助材料：笔和纸的记录是较为传统的方式。随着时代的发展，手机已经成为记录幼儿行为的主要工具之一。手机使用灵活，功能较为强大，可以生动、真实地记录幼儿的各种信息。除了手机基本的拍照、录音、录影等功能外，教师也可以根据实际需要运用手机中一些辅助的功能，对于观察幼儿行为有着特别有意义的帮助，如手机中的延时摄影、慢动作能细微地观察幼儿的动作，让你眼中一晃而过的幼儿行为，精准、有效地保留下来。

关于实施观察：就是教师在明确自己目的基础上，选择合适的方法对幼儿行为进行观察的过程。这里需要注意的是牢记自己要观察的内容，才能对所看到的幼儿行为进行甄选。也就是要聚焦到观察对象及对象在活动中与材料、环境等的互动。同时要注意的是要让观察成为一种常态，使教师对幼儿行为的观察既保持一定的距离，又要保持一定的亲密度，对幼儿的问询、求助，给予适时的回应。

关于记录：教师要真实、客观记录幼儿的行为，捕捉有价值的信息，记录的文字要清楚易懂、有条理、表述准确。避免含糊不清、交代不明，避免读者误解。

关于分析评价幼儿行为：对于观察与记录下来资料，教师除了进行整理外，还需要对幼儿的行为进行分析，通过分析了解幼儿的学习与发展情况，制定适宜的发展目标，调整游戏活动材料及指导策略，支持幼儿在活动区游戏中的学习与发展。且观察、记录和分析这个过程本就不是一蹴而就，而是一个循环往复的过程。

关于提出支持策略：提出指导或者教学建议，这里包括对材料价值的再思考及进一步调整，对教师介入策略的调整，对幼儿进一步学习与发展可能的思考，对不同幼儿提供不同的支持指导等。

（二）确定观察要点

在实际的观察过程中发现，教师即使有一定的观察目的，在记录的过程中也常常会偏离原来预设的方向。因为教师观察、记录信息本身就是一个选择的过程，要使得所记录的信息是有价值的，教师除了参照《指南》中所提的幼儿相关典型行为表现外，还需要对活动中有意义的情境、能体现幼儿学习水平的细节行为和结果等有一定的敏感度，能够及时捕捉体现幼儿数学领域核心经验的关键信息并记录下来。为了做到这一点，教师最好能事先确定观察的要点，给观察提供一定的抓手，避免随心所欲地观察，或是漏记了某些非常关键的信息。因此，制订了“幼儿园数学区活动中幼儿行为的观察要点”（见表 1），从“数学知识与概念的发展”“思维能力”“学习品质”三个角度（项目）划分出 13 个维度，从而提出 30 个观察要点。“数学知识与概念的发展”关注幼儿当下数学学习的水平；“思维能力”关注幼儿解决问题的过程及语言的表达；“学习品质”关注幼儿在活动过程中表现出的积极态度和良好行为倾向。

表 1：幼儿园数学区活动中幼儿行为的观察要点

项目	维度	观察要点
数学知识与概念的发展	集合	物体一一对应匹配的水平。 按一种特征分类、多角度分类、二维分类、肯定与否定分类、层级分类的水平。
	数与数运算	计数的水平及表现。（如：手口一致、顺接数、按群计数、目测数量等） 理解 10 以内数量，感知数的守恒。 区分基数与序数。 不同方向进行判定序数，能否进行二维、三维判定。 比较两数之间关系和相邻数关系。 理解单双数。 理解数序。 10 以内数的分解与组成。 自编加减法应用题，加减运算水平。

续表

项目	维度	观察要点
数学知识与概念的发展	量	比较大小、长短、高矮、粗细、厚薄、宽窄，并对物体进行正向排序和逆向排序。 感知量的相对性、传递性，量的守恒。 掌握自然测量的方法，了解测量工具与测量结果之间的关系。
	几何形体	感知平面图形的基本特征，理解各种变式。 感知立体图形的基本特征。 几何图形分割与组合。
	空间	感知上下、前后、里外、中间、旁边、左右等方位，并用词描述物体的位置和运动方向。
	时间	认识整点、半点、年历，感知 1 分钟。
	模式	发现模式、复制模式、表达模式、创造模式。
思维能力	探究与推理	根据已有的数学信息进行简单的逻辑推理。 尝试用一定的方式（如操作、语言等）来证明自己的数学推断。
	表征与交流	能用语言表达自己的操作过程与结果。 能用图画、符号等方式表示自己的学习过程。
学习品质	兴趣	积极参与活动，专注认真，坚持。
	专注	在完成操作任务的过程中能保持注意。
	坚持	面对数学活动中的困难时能坚持不放弃。
	反思	解决数学问题的过程中能主动调整自己的策略和方法。
		根据他人的反馈信息调整自己的数学思考。

（三）明确观察目的性

观察目的性回答的是“我观察什么，为什么观察”的问题。正是有了清晰的指向以后，才能在数学区活动中找到观察的对象，才能有效记录在数学区活动开展过程中幼儿有意义的数学学习行为和经验。数学区活动开展过程中值得观察的对象很多，如简单的数学知识：集合、数、数的运算、量、模式、几何形体、空间、时间，数学初步技能主要有：对应、计算、简单加减和自然测量等，还有关注学习品质、思维能力（分析、判断、推理）等。教师可以依据“幼儿园数学区活动中幼儿行为的观察要点”，选定观察目的，实施观察，那么教师应该如何确定观察的目的呢？

1. 以了解问题为观察目的

在数学区活动的过程中会出现各式各样的问题，关于幼儿合作的问题、关于材料是否合适等问题，教师要解决问题，就必须寻找原因，“对症下药”。这就需要教师回到数学区的现场中观察，以获取最真实、客观的资料。

例如，中班数学区上投放了一份新的操作材料“小小送货员”。教师在材料的丰富性、趣味性、美观等方面都下了一番功夫，可每次活动区游戏时，幼儿对这份材料都不感兴趣，于是教师制订观察目标，观察了解这份材料为什么不吸引幼儿参与。

以上例子可以看出，教师从问题出发，去寻找材料被搁置的原因，使教师的观察有的放矢。

2. 以了解幼儿学习水平为观察目的

幼儿数学知识和技能的获得是需要幼儿通过操作进行巩固或学习的。围绕某一活动内容实施观察，可以看到幼儿是怎么做的，如何尝试解决问题，这个过程中如何克服困难、如何坚持、如何调整等。

例如，彬彬在大班数学区玩“耐心格”这一活动材料，他随手拿起一张数字卡，看了一眼是“25”，在底板上从左往右一个格子一个格子地开始数：“1、2、3、4……25。”他将卡片25放在了底板的第25格里面，随后又拿来一张卡片82，从25后面继续一个格子一个格子往下数，一直到底板的第82格……一个小时的时间过去了，100个格子的底板被彬彬铺满了。

3. 以了解幼儿学习差异为观察目的

由于幼儿在能力、经验、需要和兴趣等方面的不同，数学学习之间存在很大的个体差异，例如，中班数学区活动“好玩的麻将牌”，三位幼儿参与，教师观察他们如何按数字取对应数量的麻将牌。

【三名幼儿观察情况】

小阳拿了一张数字3的卡片（卡片正面是数字，反面是相应数量的圆点）出来，翻到卡片背面点数了后说：“要找3饼。”他从篮子里找来一个3饼，认真地点数了麻将上的“饼数”，确认是3以后，小心翼翼地把麻将放在了数字3的卡片上。当他拿到数字6、7、9的卡片时，都是看一眼，既没有翻到背面看圆点，也没有去拿麻将，而是把卡片放回盘子里。活动快结束时，小阳的面前只零星摆着几张数字较小的卡片，都找到了相对应的麻将。

小瑞拿出一张数字10的卡片，到篮子翻找麻将，拿起了一个8饼，用手指点数麻将上的圆饼，嘴里念出“12345678”，数完后将麻将放回篮子，又找了几次，始终没有找到相匹配的麻将。接着他拿出了一个数字3的卡片，很快从篮子里找出了3饼，边指边念“123”，将麻将放在数字3的卡片上，后来也为5和7的卡片找到了对应的数量。

小俊拿出10多张的数字卡，将数字面朝上铺在地垫上，他看着数字2，快速从篮子里取出2饼放在卡片上面。接着从篮子里找一个3饼，嘴里说这是3饼，又从篮子里取出一个2条，将两块麻将叠在一起放在数字5的卡片上。他拿了一张9的数字卡片，自言自语地说，现在要拿9饼，他伸手去篮子里，翻了好久也没找到，就随手拿了一个3饼的麻将子放在了数字9的卡片上，然后又从篮子里找2条，他犹豫了一下也放在了数字9的卡片上，他用右手掰着手指头算着一共是五个了，转头从篮子里拿出一个2饼的麻将叠在了之前的麻将上，嘴里说“6、7”，最后从篮子里拿出了一个 2 饼的麻将叠在了前面的三个麻将上，嘴里说“8、9”，这样一来，卡片 9 上面就有四块麻将，总数合起来是 9。

以上案例可以看出，教师正是通过对三名幼儿的观察，了解他们数概念发展的不同水平。

【三名幼儿行为分析】

小阳对数概念还不能准确地理解，在进行按数取物的过程中，需要看到数字后面的对应的点才能取相应数量的麻将。在计数的过程中，需要依靠反复的点数来确认，并伴随着语言动作的发生。

小瑞对 10 以内数与量之间的关系有一定的了解，能正确地手口一致地点数 10 以内的物体。

小俊对 10 以内数与量之间的对应关系较为熟悉，对小数量的数字，能正确目测数数，并懂得通过点数来检查自己为数字卡片所找到的对应物体的量是否正确。《指南》指出，在 5 岁末期幼儿能通过实际操作理解数与数之间的关系，如 2 和 3 合在一起是 5。在操作过程中，小俊不仅能正确地按数取物也能按物取数。当遇到找不到“9 饼”的麻将的问题时，小俊主要采用的是“顺接数”的计数方式，通过逐一增加的计数方法找四个总量为 9 的麻将来和数字 9 对应。就是在点数的过程中，主要是能将上一个数记住，并且往下数第二个数，以此类推，得到的数就是这几个数的总和。

（四）选择观察方法

依据观察要点，实施观察，必定会采取一定的观察方法。哪一种观察方法可以为幼儿园教师所用，哪一种观察方法适合在数学区活动中对儿童行为实施观察，由于观察的主题和目的不同，以及观察的条件不同，所采用的观察方法也有所不同。一般情况下，有直接观察和间接观察、参与观察和非参与观察、结构性观察和非结构性观察、取样观察（时间取样、事件取样、个体取样）等几种类型。面对众多的观察方法，教师难免会感到眼花缭乱、无所适从。当然这里要说的是，了解观察的方法，并不能保证就是一次有质量的观察或者说就是成功的观察。相反在众多的观察方法中，要寻求最恰当、最适宜的，能有效观察幼儿数学学习发展。数学区的观察可以根据实际需要，综合使用各种方法。一般情况下，建议在数学区活动中采用如下的观察方法：

1. 扫描法

扫描法即时段定人法，也称望远镜式观察，是指“为班级的全体幼儿平均分配时间，在相等的时间里对每个幼儿轮流进行扫描观察”①。此种观察法运用在数学区活动，主要是对参与数学区域活动的所有幼儿进行的全局观察。该观察的目的在于了解和把握班级幼儿数学区域活动的进展和整体状况，一般在区域活动的开始或结束时采用。通过这种观察，教师可以了解幼儿在数学区活动中的社会交往情况、专注性、变换操作材料的频率以及幼儿们在数学区活动时是否相互干扰、班级幼儿选择数学区域活动材料的比例是否均衡等。教师可根据整体观察的情况，选择作为重点观察对象的活动材料和幼儿个体，为活动结束时的分享与交流做好准备。在有效地整体式观察之后，教师可根据数学区活动中各幼儿间的交流和干扰情况进行更科学的安排，并有针对性地调整数学区的材料，让幼儿在数学区域活动中获得快乐，同时得到全面发展。

2. 定点法

定点法也称照相机式观察，是指“观察者固定在游戏中的某一地点进行观察，见什么观察什么，只要来此点的幼儿都可以作为观察的对象。适合了解一个主题或一个区域的游戏情况”②。定点法观察适合采用事件详录（文字型）进行记录。

这种观察方法在数学区活动中，主要的观察地点就是数学区，所以定

---

① 邱学青. 学前儿童游戏［M］. 南京：江苏教育出版社，2008：260.

② 邱学青. 学前儿童游戏［M］. 南京：江苏教育出版社，2008：260.

点，就变成了定在具体的某一材料的点上了，此法适合通过观察比较，了解幼儿不同的发展水平。如本书中的第三章中班数学区活动观察案例“9宫格”、大班数学区活动案例“数字三子棋”等就是采用定点法的观察，观察若干名幼儿操作同一份材料，分析他们的发展水平，并提出对应的支持策略。

3. 追踪法

追踪法也称录像机式观察，是指“观察者事先确定一到两个幼儿作为观察对象，观察他们在游戏中的活动情况。被观察的幼儿走到哪里，观察者就追随到哪里，固定人而不固定地点”①。它适合于了解个别幼儿在游戏全过程中的情况。观察者也可以确定一个主题重点观察，追随着游戏情节的发展进行观察。采用追踪法进行观察，一般采用事件详录（文字型）进行记录。

这种观察适合于了解个别幼儿在数学区活动中的行为和表现，有助于把握个别幼儿活动的兴趣与需要及其相关的经验与活动发展的水平。幼儿个体将如何得到相应的发展，这和教师的观察和指导密切相关。如本书的第三章中班数学区活动观察案例“我的地盘”。此方法可以围绕幼儿不同时间的观察，可以是追踪其操作某一材料的前后情况，还可以是操作不同材料的情况。

（五）记录有价值的信息

记录是观察的进一步延续，也是观察过程以文字、图表等形式的呈现。观察本身是一个连续、持久的过程，观察过程伴随记录可以让教师观察更仔细、更有针对性。通过记录，可以在回顾和反思中看到幼儿在活动区游戏中的各种行为表现，也能有效地对观察结果进行整理和分析，并进

① 邱学青．学前儿童游戏［M］．南京：江苏教育出版社，2008：261.

行反思。常用的记录方法有事件取样记录法、时间取样记录法、轶事记录法、作品记录法、实况记录法等。

记录的方法可以多元，记录的过程不仅要真实客观，还要记录有价值的信息。看、听、问是客观记录的基本内容。“看”主要在自然情况下观察幼儿行为表现，记录幼儿动作、神情、交往等情况；“听”主要是听幼儿之间的语言交流或是幼儿和教师的交流；“问”主要是教师面对幼儿的行为表现给予问询，了解幼儿此刻的真实想法，特别是年龄小的幼儿，教师要多问问其操作情况，可以了解幼儿此刻的想法，还可以让幼儿用数学的语言表述自己的操作过程与结果。

教师可以根据观察目的和观察方法来决定记录方法的选择。但在记录过程中需要把握以下几点：

第一，客观真实。实事求是是观察记录的基本要求，主要是为了避免教师的主观判断、个人的感情色彩所导致的观察结果与事实不符。

第二，选择信息。内容记录清晰，能让自己或者他人在阅读时，真实还原幼儿在游戏中的行为。对于要记录的内容，需要教师进行选择和排除。观察和记录是一个长期连续的过程，结论不是靠一次观察和记录就能得出的，要在观察目标的导向下，详尽记录有价值的信息，不是将幼儿的行为事无巨细地全部记录，与目标无关的信息可以排除，虽然无关但又有价值的信息，可以保留但不可以全部体现在同一个案例里。

第三，详略得当。观察伴随着记录的过程，记录的结果是让教师看见幼儿的学习过程，使幼儿的学习变得可见。目前，有许多教师在观察幼儿行为中采用视频的方式重复地播放幼儿的行为，不仅浪费了大量的时间，而且记下了一堆没有意义的“流水账”，也不符合现实需要。在实际过程中应该对需要记录的进行选择，需要教师着重捕捉信息，而捕捉到的这个信息具实际意义。因此，建议记录要详略得当，避免冗长。那么分析就要根据记录的内容，结合观察要点准确进行，才能进一步提出有效的支持策略。

第四，灵活记录。教师应该有灵活的记录手段，在全面观察过程中可以采用平面图、表格等方法，快速把握区域现场方位，简单标识幼儿活动区游戏的情况，以便日后统计和分析。重点观察和个别观察主要采用个案、学习故事等形式，能比较详尽地记录下具体的情况。当然也可以通过摄影、照相等媒体技术记录幼儿当下的活动区游戏状态，便于回放、分析与保存。

（六）分析数学学习行为

1. 分析幼儿的数学知识与概念的发展水平

分析幼儿的数学知识与概念的发展水平，需要教师对数学学科知识本身有较为全面的认识，同时需要教师理解幼儿对不同数学内容中概念的认知程度及对学习技能的掌握程度。也就是充分理解幼儿数学学习的核心概念，教师才有可能分析出不同幼儿的发展水平和学习问题。下面以 4 个小朋友操作“9 宫格”为例，分析他们不同的发展水平。

教师设计这份材料的意图是：中班上学期的幼儿基本掌握了 10 以内的点数，但是在点数水平上有所差异。有些幼儿在点数时经常出现漏数、多数的情况；有些幼儿对于 7 以上的数，需要反复点数才能确认；有些幼儿点数时基本没有点错，对于 5 以内的数还能用目测的方法。为了增加幼儿点数的机会，让他们在反复游戏中提升点数能力，特设计“9 宫格”这份材料。

观察小 A：小 A 看了一眼圆点卡片后说“2”，说完，他迅速从数字卡中找出数字 2 放在了 9 宫格底板第一行的第一格。接着，他又看了一眼圆点卡片后说“6”，说完他就把数字 6 放在了 9 宫格底板第一行的第二格。就这样，小 A 采用目测的方式按照 9 宫格从左到右、从上到下的顺序边看点数卡，边迅速将相应的数字放在了 9 宫格底板相对应的位置。很快做完以后，小 A 来回看着圆点卡片和已经摆好的 9 宫格进行检查。

分析：小 A 是用目测的方式完成按点取数的。他认识 9 以内的数，并能熟练地按点取数。他操作速度很快，熟悉材料玩法，完成后还能进行检查。

观察小 B：小 B 用手指指着圆点卡片的第一格，边用手指点，嘴里边念："1、2、3。"点数完后，他从数字卡中迅速找到数字 3 放在了 9 宫格底板第一行的第一格。接着，他指着圆点卡片的第二格，边用手指点，边数："1、2、3、4、5、6。"数完以后，他从数字卡中迅速找到数字 6 放在了 9 宫格底板第一行的第二格。就这样，小 B 能手口一致，用一一对应点数的方式按照 9 宫格从左到右、从上到下的顺序，将相应的数字放在了 9 宫格底板相对应的位置。

分析：小 B 全部都是用手指一一对应点数的方式进行按点取数的。并且，小 B 能按照 9 宫格的顺序进行对应和排列，对于 9 宫格的理解掌握得比较好。

观察小 C：小 C 将数字 3、1、4、2 放在对应的 9 宫格位置上后，她边用手指点，嘴里边数："1、2、3、4、5。"点数完后她从数字卡中翻找出数字 5，拿到手上后她又重新点数了一次，将数字 5 放到了对应的格子上，点数圆点 8 后，将数字放在对应的格子上，在点 6 的位置上数了三次，最后放上了数字 7 的卡片，她将剩下数字 6 和 9 卡片拿在手中看了近两分钟以后对老师说："老师，我不知道。"老师问："你不知道什么？"小 C 回答说："我不知道哪个是 6，哪个是 9。"老师回答说："圆圈在上面的是 9。"听完，小 C 将数字 9 放在了第一行的第三格上，将 6 放在了最后的空格里。老师提醒她说："你检查一下，看看是不是都放对了？"在老师的引导下小 C 重新点数了第二格的点数，并将数字 6 和 7 交换了位置。第二次操作的时候，碰到 6 和 9，小 C 依然是难以区分。

分析：小 C 是利用点数与目测的方式进行按点取数的。4 以内的数是用目测的方式完成的。但是，她不认识 6 和 9，在点数的过程中会出现点错的现象。小 C 在游戏中是先找熟悉的、小的数字，再将数字放在相对应的位置，操作比较随机，没有规律。

观察小 D：小 D 拿到的是 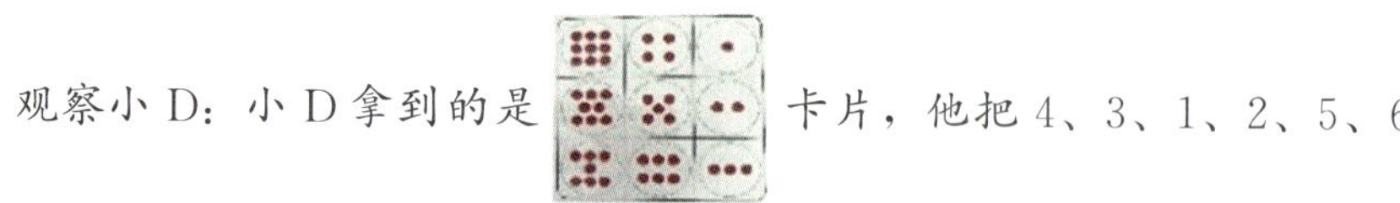 卡片，他把 4、3、1、2、5、6 数字卡片分别放到 9 宫格的第一列和第二列 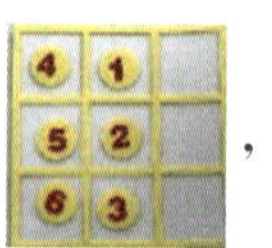

，放好以后，小 D 拿着圆点卡片又重新看了一会儿，然后他将原先放好的 1、2、3 分别往右移一格，将数字 4、5、6 也分别往右调整一格，放在了正确的位置上。这个过程花了 10 分钟，接着采用点数的方式完成余下的内容。完成以后，小 D 立刻重新拿出一张新的圆点卡片，并且按照从上到下、从右到左的方式，2 分钟左右就将 9 宫格底板全部摆好。

分析：小 D 是利用点数与目测的方式进行按点取数的。6 以内的数都是用目测的方式完成的。小 D 在刚开始游戏时并没有理解圆点卡片与 9 宫格位置的对应关系，但是在操作的过程中他能主动调整自己的策略和方法，从而发现了点卡与 9 宫格的对应关系。

并且通过比较可以发现：

1. 完成任务的速度存在差异：小 A 第一，小 B 第二，小 D 第三，小 C 第四。小 A 操作速度很快，熟悉材料玩法，完成后还能进行检查。

2. 点数的方式存在差异：小 A 全部是目测，小 B 是采用逐一点数的方式，小 C 和小 D 是采取目测和逐一点数相结合的方式，小 C 是 4 以内、小 D 是 6 以内采取目测。

3. 对空间的感知能力存在差异：小 D 在刚开始游戏时并没有关注圆点卡片与 9 宫格位置的对应关系，在操作一段时间后发现了数字卡片摆放与 9 宫格位置的空间问题，他自己进行了调整，从而发现了点卡与 9 宫格的对应关系。

4. 对数字的认读存在差异：除小 C 外，数字认读对其他三个幼儿都没有难度，小 C 不认识 6 和 9。

2. 分析幼儿的思维能力

教师对于幼儿行为的观察可以通过“看、听、问、记”等方式进行，而了解幼儿的思维能力，不仅需要教师通过“看”来了解当下幼儿的行为，还需要通过教师语言提问或者适宜的提问，关注幼儿探究与推理、表征与交流的情况。

［例］铎铎在操作“耐心格”，他看了一会儿操作底板，随机拿了数字 45，先用手指在操作底板上从左到右数 5 格，从上到下数 4 格，将数字 45 放在这个位置上。他再取数字 76，从 45 的位置开始向下点数 3 格，向右平移了 1 格，放下数字。随着参照数字越来越多，他找到数字位置的速度也越来越快，不到 10 分钟就已经完成操作任务。老师问他：“铎铎，你是怎么帮数字找位子的?”他拿了个数字 25，边在操作底板上比画边说：“就到 5 这里就往下 2 行。”我继续问：“你完成得这么快，还能怎么挑战自己呢?”铎铎想了想说：“我可以将数字底盘翻个面，在没有网格线的平面上试一试。”于是他继续挑战更有难度的新玩法。

分析：铎铎能认识 100 以内数字，熟悉耐心格上下、左右的空间关系，能通过空间关系来推断数字的位置，能用简单的语言表述自己的操作过程。

3. 分析幼儿的学习品质

学习品质，就是儿童自己在以多种方式进行学习时的倾向、态度、习惯、风格等。它不是儿童想要获得的知识技能本身，而是儿童怎样去获得这些知识技能（鄢超云，魏婷，2013）。对于幼儿的学习品质的分析，关注到幼儿兴趣、专注、坚持、反思等。这里需要注意的是，教师要根据实际情况进行判断，并非在所有的案例中都能关注到幼儿的学习品质，也不是在一个案例中，幼儿能呈现多种的学习品质，而幼儿某个偶然的行为也不能全然地反映出他就有某种学习品质，需要教师持续性地观察。如“9

宫格”案例中，小 D 在刚开始游戏时并没有理解圆点卡片与 9 宫格位置的空间对应关系，在多次的操作过程中，他能主动调整自己的策略和方法，从而发现了点卡与 9 宫格的空间对应关系，这体现了幼儿能对自己的操作过程进行反思的学习品质。

（七）提出有效支持策略

观察幼儿的行为只是手段，而非教育的最终目的，更重要的是通过观察与分析幼儿的行为，为后期教师对数学区材料的调整和教师指导策略的调整提供依据，能更有效地促进幼儿的学习与发展，增强教学的有效性。因此，教师在对幼儿数学学习行为进行思考后，需要把这些思考运用到具体的数学区活动的组织与实施中，可以从不同的方面调整自己的策略。

1. 对材料价值的思考

对数学区材料价值的思考，应该包括如下几个方面：第一，对数学区材料本身的教育价值的重新思考。第二，对数学区材料可能引发教育价值的思考。第三，如何调整数学区的材料或者玩法，满足个体需要，促进不同幼儿的学习。

2. 教师介入策略的思考

教师介入策略的思考主要关注幼儿在数学区游戏中，教师如何通过适宜的指导策略，解决幼儿在当下操作与游戏中的问题。在观察幼儿行为的过程中，教师需要启动形成性评价的机制，适时介入，既要给幼儿自主探索的空间，又需要时机恰当的引导，如“9 宫格”案例中，教师及时帮助幼儿小 C 区分 6 与 9 的区别。

3. 对幼儿进一步学习与发展可能的思考

幼儿数学教育内容本身具有一定的系统性，不同的幼儿数学学习的水平不同，也就决定了其最近发展区的不同。教师需要在分析的基础上，提出促进不同个体发展的支持性策略。

如以上“9 宫格”案例中，后期的调整策略可以从以下几个方面着手：

1. 数卡材料调整，适当增加难度。

（1）将 1～5 这些简单的点数删除，改用 6～9 这些点数较多的。

（2）随机排列点数。改变点数整齐排列的方式，进行随机排列。

（3）增加数字卡的数量，提供干扰，增加游戏难度。

2. 9 宫格上的圆点要有难易层次区分，在不同难易的圆点卡片上用数字进行区分，可引导幼儿按照卡上的数字 1/2/3 进行进阶。

3. 格子的设置可以先是 6 宫格，再 9 宫格，再 12 宫格。

4. 增加与同伴的竞赛，提高活动的趣味性。

5. 在 6 和 9 的数字卡上增加箭号，或采用手写的方式，以便于幼儿的区分。

【教师反思】

1. 教师有目的地观察幼儿的游戏情况，在游戏过程中适当介入，适当给予幼儿帮助。当小 C 对 6 和 9 分辨不清时，教师适时介入，并告诉她：“圆圈在上面的是 9。”帮助小 C 顺利继续游戏。当小 D 在刚开始没有发现 9 宫格与圆点卡片的对应关系时，教师并没有直接告诉他，而是让他重复操作、观察，从而自行发现，保证了小 D 自主探索和学习的过程。

2. 教师适时对材料进行调整与改进，保证材料的适宜性。在第一次游戏结束后，教师立刻反思材料上的不足，将原先排列整齐的圆点改成不规律的排列，并且增加了 6 宫格和 12 宫格，满足更多幼儿的操作需要。

3. 教师对生成性的教育契机把握不足。当幼儿发现同一数量有重复出现时，教师可以对幼儿进行追问：“这两个格子有什么不一样的地方和一样的地方？”从而引导幼儿观察发现格子中圆点的排列方式不同，但是数量相同，感知数的守恒。

4. 可能生成的教育契机以及进一步的支持策略。在操作中引导幼儿发现和巩固数的守恒。当幼儿摆好 6 宫格、9 宫格或 12 宫格时，教师可以指着数量相同的两个格子，适时对幼儿进行追问："这两个格子有什么不同和相同的地方?"引导幼儿观察发现格子中圆点的排列方式不同、数量相同，进而发现格子内的数目并不会因为圆点的排列方式不同而改变，发现和巩固数的守恒。

根据第一次游戏的情况，教师将游戏材料进行了增加与调整。在第二次游戏中，小 E 和小 F 都选择了新增加的游戏材料。具体观察如下：

观察小 E：小 E 拿到材料以后先选取了 6 宫格的底板，然后将 6 宫格的圆点卡片全部挑出。小 E 拿出有一颗星的圆点卡片，她用手指指着圆点卡片的第一格，边用手指点，嘴里边大声念："1、2、3、4、5、6。"点数完后，她从数字卡中迅速找到数字 6 放在了 6 宫格底板第一行的第一格。接着，她指着圆点卡片的第二格，边用手指点，边大声数："1、2、3、4、5、6、7。"数完以后，她从数字卡中迅速找到数字 7 放在了 6 宫格底板第一行的第二格。就这样，小 E 用手口一致、一一对应点数的方式，按照 6 宫格从左到右、从上到下的顺序，将数字放在了 6 宫格底板相对应的位置。点数完以后，她将圆点放在桌面上，请老师检验。检验过后，小 E 立刻换了一张有两颗星的圆点卡片，按照上面的方法进行点数。不到六分钟，小 E 就完成了三种难度的 6 宫格点数。

接着，小 E 兴致勃勃地将底板和圆点卡片都换成 9 宫格的，她还是用从左到右、从上到下、从易到难的方式很快完成了三种难度的 9 宫格点数，用时不到九分钟。然后，小 E 又立刻换了 12 宫格底板继续游戏。这次，她只用了五分多钟就全部完成了。

分析：小 E 是用手口一致大声点数的方式完成按点取数的。她认识 10 以内的数，并能熟练地按点取数。她操作速度很快，熟悉材料玩法，游戏过程中专注、认真，很有兴趣。

观察小 F：小 F 拿到材料以后也是从 6 宫格的底板开始。小 F 拿出有一颗星的圆点卡片，她用手指指着圆点卡片的第一格，边用手指点，嘴里边小小声地数："1、2、3、4、5、6。"点数完后，她从数字卡中找到数字6放在了6宫格底板第一行的第一格。接着，她指着圆点卡片的第二格，边用手指点，边数："1、2、3、4、5、6、7。"数完以后，她找到数字7放在了6宫格底板第一行的第二格。然后，她放下圆点卡片，重新换了一张圆点卡片。在老师的提醒下，她将两张卡片拿在手中对照着已经摆好的6和7左右看了一会儿，将第二张放下，拿着原先的圆点卡片继续点数。小F就这样用手口一致、一一对应点数的方式按照6宫格从左到右、从上到下的顺序，将相应的数字放在了6宫格底板相对应的位置。

小F请老师帮忙检验过后，她重新换了一张有两颗星的圆点卡片，按照上面的方法进行点数。在第五格中，小F将7点数成了8，在老师的提醒下，她重新点数，并进行了调整。在三颗星的6宫格中，小F在点数10时需要反复点数三四次才能确认。小F用时九分钟左右完成三种难度的6宫格的挑战。接着，她换成9宫格的底板和圆点卡片重新点数，在三颗星的难度中，小F点数9和10时还是有出现错误。小F完成三种不同难度的9宫格点数一共用时十四分钟。完成以后，教师问她是否继续挑战，她摇了摇头将材料全部收拾好。

2名幼儿比较分析

小F是用手指一一对应点数的方式进行按点取数的。小F能按照6宫格和9宫格的顺序进行对应和排列，对于6宫格和9宫格的理解掌握得比较好。但是，遇到9和10这种比较大的数时，小F需要反复点数，偶尔会出现点错的现象。

通过比较我们可以发现：

1. 完成任务的速度存在差异：小E完成速度很快，小F较慢。

2. 对大数的点数存在差异：小E能轻松准确地点数10以内的数，小F在点数9和10时会出现点错的现象。

3. 对游戏材料的兴趣存在差异：小E在游戏过程中兴趣浓厚，完成了全部挑战，小F完成到9宫格后停止了。

教师的支持与回应

1. 调整游戏玩法，避免幼儿点数疲劳。幼儿可以根据自己的兴趣选择 6 宫格、9 宫格或 12 宫格，圆点卡片的难度也能自由选择，不必从第一关开始。

2. 增加与同伴的竞赛，提高活动的趣味性。

3. 增加奖励，鼓励更多幼儿参与游戏。完成不同的卡片可以获得相应的奖励，激励幼儿多参与。

八、数学区活动的评价

评价与反思在数学区活动的设计、指导中起着十分重要的作用。教师要把握评价要素，明确评价指标，客观、真实地进行评价，并通过评价与反思，不断地调整与完善数学区活动的设计与指导，以更好地达成教育目标。

“数学区活动设计与实施评价反思表”为教师开展自评和互评工作提供抓手。该表以活动内容、活动目标、活动材料、教师观察与指导和幼儿参与情况六个项目为评价要素，制定了 24 个评价指标，帮助教师明确活动的主要观测点。教师通过对照评价指标，审视活动情况，做出客观评价。根据评价结果，教师能更好地发现活动的亮点和不足，进行自我反思。

<table>
<tr><th colspan="4">数学区活动设计与实施评价反思表</th></tr>
<tr><td>班级</td><td></td><td>时间</td><td></td></tr>
<tr><td>活动内容</td><td></td><td>评价者</td><td></td></tr>
<tr><td>评价要素</td><td colspan="2">评价指标</td><td>评价与反思</td></tr>
<tr><td rowspan="5">活动内容</td><td colspan="2">安排具有系统性</td><td></td></tr>
<tr><td colspan="2">遵循幼儿的学习路径</td><td></td></tr>
<tr><td colspan="2">符合幼儿的兴趣</td><td></td></tr>
<tr><td colspan="2">考虑幼儿的年龄</td><td></td></tr>
<tr><td colspan="2">促进幼儿的发展</td><td></td></tr>
<tr><td rowspan="2">活动目标</td><td colspan="2">预期目标制订适宜，具体、可操作</td><td></td></tr>
<tr><td colspan="2">预期目标制订考虑前后目标之间的联系</td><td></td></tr>
<tr><td rowspan="6">活动材料</td><td colspan="2">操作性，多感官操作与探索</td><td></td></tr>
<tr><td colspan="2">针对性，把握不同年龄需求</td><td></td></tr>
<tr><td colspan="2">层次性，满足不同幼儿需要</td><td></td></tr>
<tr><td colspan="2">趣味性，吸引幼儿参与活动</td><td></td></tr>
<tr><td colspan="2">发展性，灵活调整活动材料</td><td></td></tr>
<tr><td colspan="2">适量性，数量上适宜且科学</td><td></td></tr>
<tr><td rowspan="6">教师观察与指导</td><td colspan="2">依据观察视角开展观察活动</td><td></td></tr>
<tr><td colspan="2">记录有价值的幼儿典型性行为</td><td></td></tr>
<tr><td colspan="2">判断介入时机，适时给予指导</td><td></td></tr>
<tr><td colspan="2">分析幼儿行为，提出支持策略</td><td></td></tr>
<tr><td colspan="2">为幼儿提供讨论、分享、交流的机会，帮助幼儿梳理和提升新的经验</td><td></td></tr>
<tr><td colspan="2">观察了解幼儿对材料的选择，能根据游戏进程进行调整</td><td></td></tr>
</table>

续表

数学区活动设计与实施评价反思表		
幼儿参与情况	积极参与数学区活动，专注认真，坚持	
	能用语言表达自己的操作过程与结果	
	能用图画、符号等方式表示自己的学习过程	
	尝试用一定的方式（如操作、语言等）来证明自己的数学推断	
	解决数学问题的过程中能主动调整自己的策略或方法	

［例］

数学区“趣味9宫格”活动的评价与反思

【预期目标】

1. 学习9宫格中花片纵向或横向同色连串的玩法。

2. 感知物体上下、左右位置移动的空间关系。

3. 提升思维的灵活性。

【材料投放】

9宫格底图，8个花片（红色3个、绿色3个、蓝色2个）。

【活动过程】

1. 教师引导幼儿认识游戏材料并理解游戏玩法和规则

（1）教师结合希沃课件，引导幼儿观察游戏材料

提问：请小朋友观察下，老师带了一份游戏材料，有什么？

小结：有个9宫格的操作底板，有8个花片，红色3个、绿色3个、蓝色2个。

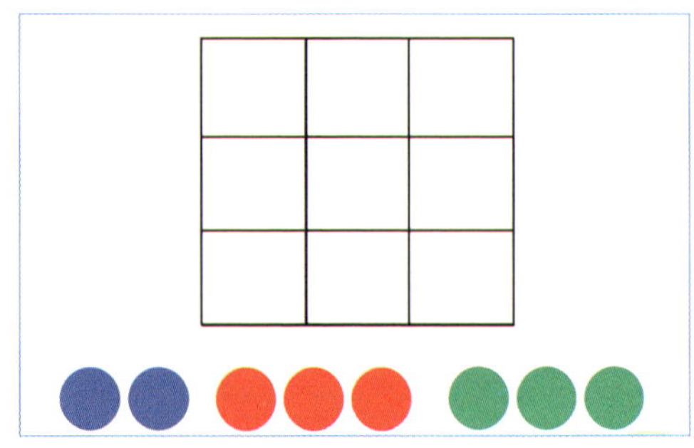

趣味9宫格1

（2）教师示范并讲解游戏的玩法和规则

引导语：屏幕上的花片是随机摆放，其中有一个格子没有花片，老师移动花片，你们看看现在花片变成了什么样子。

提问：老师如何进行移动，让颜色相同的花片在同一排（列）上呢？

小结：9宫格里的花片是随机摆放的，老师都是通过上下、左右移动花片。花片不能跳过格子移动，也不能斜边移动，也就是每次都是移动一个格子。只要三种颜色的花片横排或者竖排连在一起就成功了。

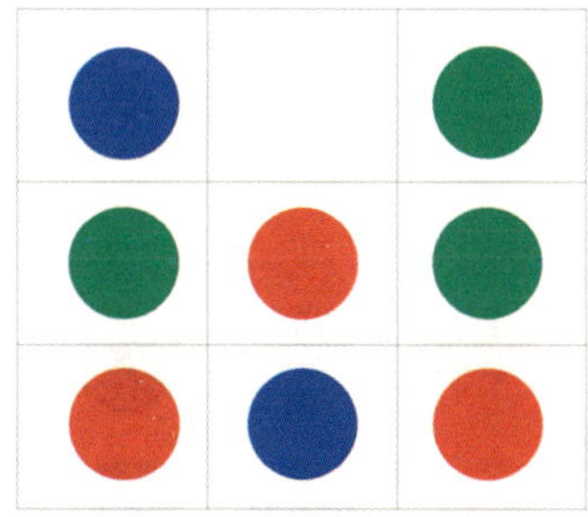

趣味9宫格2

趣味9宫格3

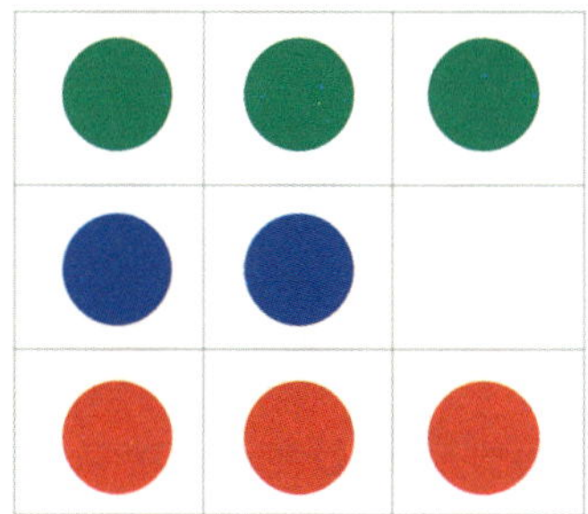

趣味9宫格4

2. 幼儿游戏，教师观察指导

(1) 幼儿根据自己的兴趣自由选择游戏场地及游戏材料

(2) 重点观察内容：趣味9宫格

观察要点：

观察幼儿是如何移动花片的，在移动过程中遇到什么困难，是如何解决的。

幼儿是否理解游戏规则并遵守游戏规则进行游戏。

指导要点：

引导幼儿观察 9 宫格中花片的摆放。

要根据规则移动花片。

遇到困难时，能耐心不着急，思考是如何让花片连在一起的。

3. 结合游戏中遇到的难点问题进行分享交流

引导语：今天在游戏过程中，老师发现小朋友们很喜欢趣味 9 宫格的游戏，很多小朋友通过多次的移动终于成功了。但也遇到很多困难，我们一起帮助解决了。

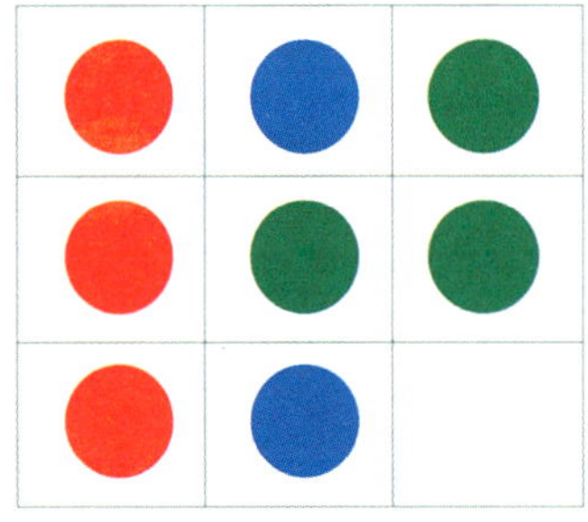

趣味 9 宫格 5

趣味 9 宫格 6

提问：遇到图中（趣味 9 宫格 5）的情况时，小朋友想把格子最中间的绿色花片放到空格子里，将绿色的花片串在一起（趣味 9 宫格 6），就是想不到办法，很着急。老师想让你们想一想办法。

小结：原来遇到这样的情况，我们就要观察空格的周边，发现能移动的就是蓝色和绿色的花片，这时候就可以采用换位置的方式，先将空格上方绿色的花片移动下来，再移动你想移动的绿色花片，这样问题就解决了！

提问：有的小朋友一直都在移动却很难成功，有的小朋友移动得很慢却很快就成功了，这是为什么呢？

【行为观察】

幼儿 A 兴奋地拿起游戏材料就说："这个太简单了。"他快速地移动花片，有时候就想斜角移动花片，老师给予了一定的提醒。他操作速度很快，眼睛都在寻找同色系的花片，在操作过程中始终念念有词。通过多次的操作后，花片呈现如下图所示状态，他试了很多的方法，都没有成功。这时老师就过来问他："你想移动中间的绿色花片是吗?"他说"是的。"老师继续问："你看看下面这个花片就是绿色的，你可以替换这个花片。"小男孩一下子就明白了，马上开展移动花片，成功后露出了开心的笑容。

幼儿 A

幼儿 B 看着幼儿 A 玩了一会儿，也坐下开始玩游戏，他移动的速度比较慢，每次移动都能观察不同颜色花片在 9 宫格中的情况，有时候两只手同时使用，点出花片位置。游戏中，他有好几次想用斜角移动的方式移动花片，停顿后，会做适当的调整。当他的花片出现了图中的状态时，幼儿停留了很久，一直在思考，没有移动，老师提醒他，刚才老师教过 A 小朋友是怎么玩的，他想了一会儿，开始操作，完成任务。

幼儿 B

【推进策略】

1. 进一步引导幼儿不急着移动花片，可以观察花片摆放的位置，适当放慢游戏速度，尽量使每一朵花片的移位是有用的。

2. 游戏过程中遇到困难时要问幼儿“你想移动哪个花片”，让幼儿进一步明晰自己即将要移动花片的目的。

3. 可以提供任务卡，就是游戏开始前先让幼儿观察任务卡，并按照空间位置摆放任务卡上的花片再进行游戏。

4. 可以两名幼儿进行游戏，游戏前先将花片摆成相同的状态，再开始游戏，谁能快速使同色花片纵横连在一起为胜。

5. 对于熟练游戏的幼儿，可调整游戏的难度，调整为 16 宫格，4 种颜色的 14 个花片（如：红 3 个、黄 3 个、绿 4 个、蓝 4 个），摆放好后，有两个空格供幼儿移动。

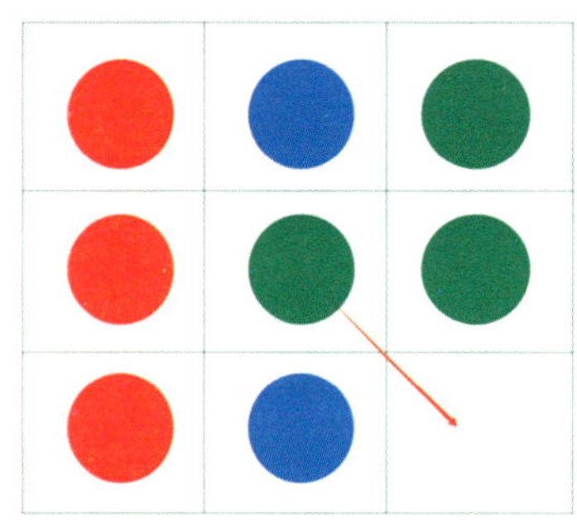

趣味 9 宫格 7

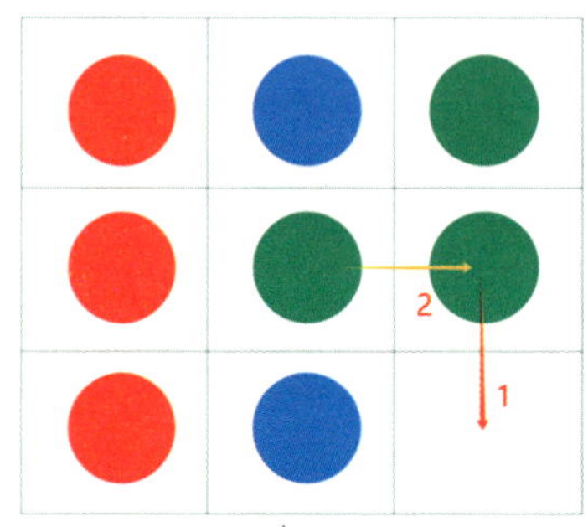

趣味 9 宫格 8

【评价与反思】

中班数学区活动“趣味 9 宫格”是在幼儿有玩过“9 宫格三子棋”的基础继续开展的一个游戏，也就是说幼儿对材料较为熟悉，有初步的经验。但是由于游戏玩法与规则的改变较大，又使得幼儿面临新的挑战。该活动制定的目标较为合理，能让幼儿通过空间位置的移动，学习 9 宫格中同色连串的玩法，提升幼儿思维的灵活性。活动材料也具有拓展空间，在了解幼儿学习与发展情况后，根据实际情况灵活调整其难度。活动过程中教师采用希沃课件，直观生动地呈现“趣味9宫格”的玩法规则，交互性较强，有力地支持了幼儿的学习。

活动中教师聚焦要点实施观察，分析幼儿行为之后，通过分享交流共同解决游戏过程出现的问题。

1. 两名幼儿在游戏过程中都遇到了共同的难点，就是无法灵活地采用同色替换的方式完成任务，如：图片中幼儿想让绿色的花片移动到空白框格里，他们好几次采用了直接斜角移动的方式将花片放到空白框格里，或者直接放弃，又重新开始游戏。教师抓住这个多数幼儿出现的难点问题，展开讨论。能观察到有价值的典型性行为，在活动中给予指导，并在分享交流环节中帮助幼儿梳理和提升经验。当然如果没有参与本次游戏的幼儿还需要通过实际的感知体验，才会运用到相应的策略。

2. 幼儿随机移动花片较多，有目的的移动较少。这个就是游戏具有挑战的地方，幼儿多次无目地移动花片，甚至能随机完成任务，但是效率不高。如果能有目的地移动，就能让幼儿发现更容易接近成功。在指导过程以及教师对幼儿的行为分析中都有提到，要问幼儿“你想移动哪个”“为什么要移动这个”“你想让哪个花片连线”等问题。帮助幼儿明晰移动花片的目的，避免随意移动。

3. 幼儿需要有耐心，不着急完成任务。刚开始游戏时，幼儿觉得容易，操作一会儿困难也随之出现，这时候教师多鼓励幼儿，提醒不着急，慢慢来。当操作熟练以后，摸清一定规律后，幼儿再玩，比的可是速度了。

教师提出的三条关于游戏材料调整的方法，也有一定的针对性。第一个方法，让幼儿能对照任务卡摆花片，就是对空间感知能力的一个练习，有利于幼儿观察9宫格中花片的整体情况。第二个方法，可以增加趣味性，让两名幼儿比赛，提升了幼儿游戏速度的同时，对移位的有效性提出了进一步的思考。第三个方法，对熟练游戏的幼儿提出新的挑战，增加了16宫格的材料，引发幼儿向更高级别的游戏挑战，满足幼儿游戏的需求。

实践篇

小班上学期数学区活动案例

1. 分饼干

【预期目标】

1. 能按标志进行形状匹配或能对饼干进行分类。
2. 能用“把××和××放一起”表述分类的结果。
3. 能收拾整理玩具。

【材料投放】

各种形状的饼干图片，圆形、正方形、三角形标志图片；三个罐子。

【参考玩法】

玩法一：幼儿观察饼干的形状，根据罐子上的标识，将饼干粘贴到瓶身上，操作完毕检查是否正确。

玩法二：幼儿观察饼干的形状，将相同外形特征的饼干，粘贴到瓶身上，再放上对应的形状标志，可以请幼儿说一说，为什么这么分。

【指导建议】

第一种玩法关注的是幼儿匹配能力，第二种玩法关注的是幼儿的分类能力，材料可以同时提供，但要关注幼儿个体差异，同时教师要引导幼儿说出分类的理由，如："我把三角形放在一起"或"他们都是三角形的"。

2. 比大小

【预期目标】

1. 按照大小标记进行分类并能表述分类结果。
2. 能将三个物体进行正逆排序。

【材料投放】

玩法一材料：大小标志卡片，分类盒，两种不同大小的物品若干。

玩法二材料：大小珠子、形状卡片若干。

玩法三材料：大小排序指示卡片；三种不同大小的物品若干。

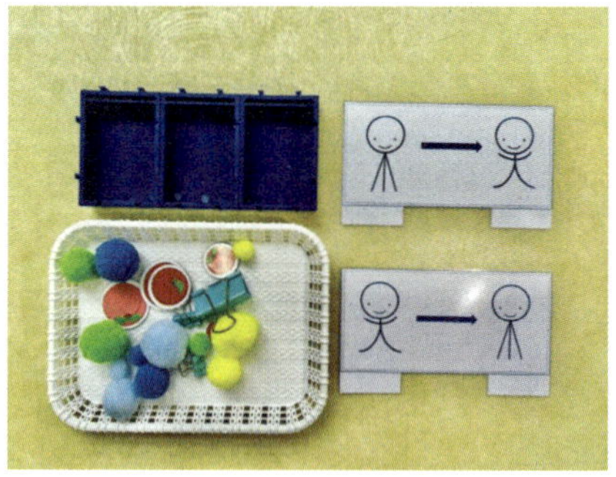

【参考玩法】

玩法一：幼儿观察同一种物品（如：球）的大小，根据大小标志，将一样大小的物品放入对应的分类盒中。

玩法二：观察珠子的大小，将一样大小的珠子放入分类盒后，再摆放上标志，说一说为什么这么分。

玩法三：根据物品的不同大小，按照排序指示卡片，由大到小或者由小到大进行排序摆放。

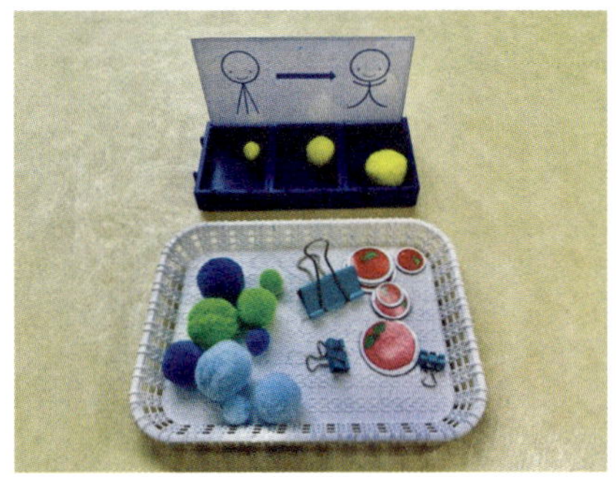

【指导建议】

幼儿要先对大小标志有一定的认识，在认识标志过程中，教师可以引导幼儿通过有趣生动的身体动作来认识大小标志。（大标志：幼儿双手双脚打开；小标志：幼儿双手双脚并拢。）

3. “1”和“许多”

【预期目标】

复习巩固“1”和“许多”的关系。

【材料投放】

木珠、雪花片若干，串绳一条，木珠盒子一个。

【参考玩法】

玩法一：幼儿把一个一个的木珠串在一起，感知一个一个木珠变成了许多木珠。

玩法二：幼儿把串起来的许多木珠拆下来，一个一个地放在桌面上。

玩法三：将盘子里许多的雪花片，一个一个摆放在桌面上，再一个一个收到盘子里。

【指导建议】

巩固“1”和“许多”的关系可以结合其他区域进行游戏，如生活区晒毛巾、挂衣服等；美工区搓汤圆、制作饼干等，让幼儿进一步感知“许多”是由“1 个、1 个……”组成，“1 个、1 个……”的物体合在一起就是“许多”。

4. 好玩的苹果

【预期目标】

1. 能对物品进行两两比较大小。
2. 观察、识别三个以内物体的大小排列方式并进行对应匹配摆放。

【材料投放】

玩法一材料：16 宫格底板；16 张小中大三种类型苹果卡片。

玩法二材料：16 宫格底板，指示卡片 4 张，操作卡片（卡片上有三种不同大小水果）若干。

【参考玩法】

玩法一：

1. 两名幼儿游戏，将卡片背面朝上摆放在 16 宫格底盘上。

2. 每人每次翻开一张卡片，大物品可以吃掉小物品，如果大小一样则双方收回卡片。

3. 最终卡片多的一方获胜。

玩法二：幼儿观察底图左侧框内指示卡中苹果大小排列的方式，寻找相同的大小排列方式的水果卡片，逐一摆放在右侧的格子，直至摆满格子。

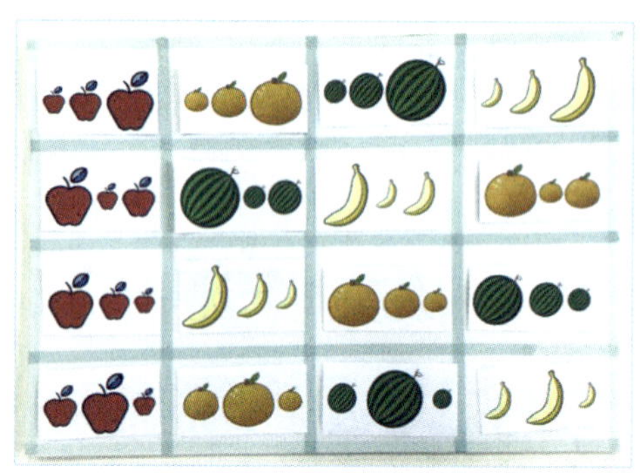

【指导建议】

第一种玩法要重点引导幼儿对双人游戏规则的掌握；第二种玩法中，底图左侧的指示卡片可以灵活地调整。游戏初期，可以固定摆放，幼儿较熟练后，让幼儿选择指示卡，摆放在左侧方框里，再进行游戏。

5. 小兔吃萝卜

【预期目标】

根据圆点（5 以内）或数字（3 以内）取相应数量的物体。

【材料投放】

玩法指示图、小兔吃萝卜底图、大小萝卜若干、1～5 的圆点卡片和 3 以内的数字卡片。

【参考玩法】

玩法一：幼儿选择一个圆点卡片（数字卡片），粘到底图的小兔旁边的方框里，再根据圆点或数字将相应数量的萝卜粘贴到盘子里。

玩法二：幼儿拿取一定数量的萝卜卡片粘贴到篮子里，点数萝卜数量，将圆点卡片（数字卡片）粘贴到小兔旁边。

【指导建议】

1. 玩法指示图可以在幼儿刚开始操作时投放，懂得玩法后可以撤出。

2. 根据幼儿游戏情况，可以同时提供 1～5 的圆点卡片或者 1～3 数字卡片，或者先提供圆点卡片，再提供数字卡片。

6. 停车场

【预期目标】

根据圆点或者数字匹配相应的物体。

【材料投放】

停车场底图，底图左右两侧停车位上贴有 1～3 圆点卡片或者数字卡片，车上标有 1～3 圆点或者数字的小汽车若干。标识有 1～3 数字或者圆点的骰子。

【参考玩法】

玩法一：幼儿根据小车上的数字或者圆点，将车停放到对应圆点或者数字的停车位上。

玩法二：两名幼儿游戏，轮流掷骰子，幼儿根据掷出骰子的点数或者数字找到对应的小车，停在对应的圆点或者数字的停车位上。

【指导建议】

根据幼儿游戏情况，可以将 1～3 的圆点或者数字卡片调整为 1～5 的圆点或者数字卡片。

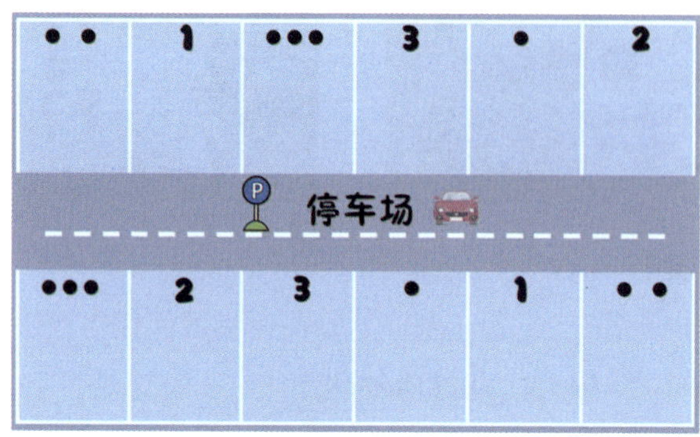

7. 整理物品

【预期目标】

1. 能区分上下并表述。
2. 认识上下标志，理解指示的含义。
3. 初步知道运用空间方位经验可以解决问题。

【材料投放】

各类上下摆放物品的指示图若干；娃娃家中布置有各类日常物品，如玩偶、小锅、杯子、花瓶等。

【参考玩法】

玩法：幼儿观察指示图，根据指示图上提示，在娃娃家中选择相应的物品，将其摆放在合适的位置，并用语言表述：我把××放在××的上面（下面）。

【指导建议】

1. 本活动可以与娃娃家游戏结合开展。

2. 幼儿在观察指示图时，教师也可以请幼儿先说一说，物品放在什么地方，再开展摆放游戏。

8. 好玩的方块

【预期目标】

1. 能根据颜色对方块进行分类。
2. 能按点取物或按数取物。
3. 理解不同操作游戏的玩法和规则。
4. 初步感知物体的空间位置。

【材料投放】

玩法一材料：颜色标志卡，不同颜色的方块若干，三层操作底板。

玩法二材料：1～3 的数字、点点卡片，不同颜色的方块若干，三层操作底板。

玩法三材料：颜色与数量提示卡片，不同颜色的方块若干，三层操作底板。

玩法四材料：有颜色的 9 宫提示卡、9 宫操作空白底板。

【参考玩法】

玩法一：幼儿先将颜色标志贴于操作底板上左侧方框内，根据标记将相同颜色的方块摆在标志后的方框内。也可以先按颜色将积木分类摆放在右侧的方框内，再将标志摆放到左侧的方框内。

玩法一

玩法二

玩法二：幼儿自由选择数字或点点卡片贴于操作底板左侧方框里，根据卡片里的圆桌或者数字，取相同数量的方块放于操作底板右侧方框里。

玩法三：幼儿自由选择有颜色与数量的提示卡，贴于操作底板左侧方框里，根据提示卡，取对应颜色和相应数量的方块放于右侧底板上。

玩法三

玩法四

玩法四：幼儿根据颜色九宫图案提示卡，选取一样颜色的方块，摆放在 9 宫格对应的位置上。

【指导建议】

待幼儿熟悉后可增加玩法三和玩法四中提示卡方块的颜色或数量，提高游戏的难度。

9. 分一分

【预期目标】

1. 能区分物体的颜色或形状，按不同的颜色或形状将卡片分类。
2. 能大胆表述自己的分类结果。

【材料投放】

分类盒，大小、颜色不同的三角形、圆形、正方形等卡片若干，不同颜色、形状标志。

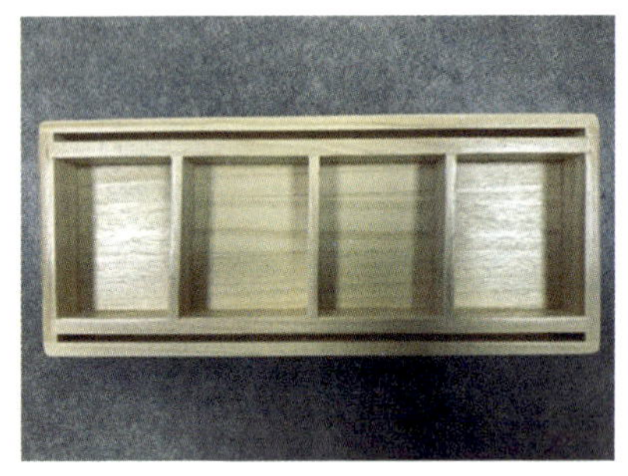

分类盒

卡片

颜色标志

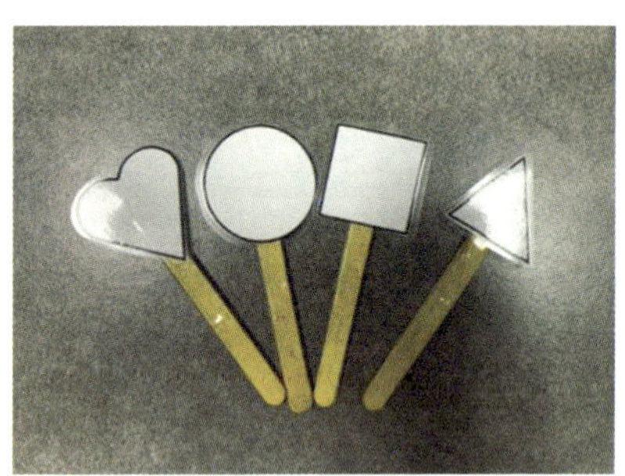

形状标志

【参考玩法】

玩法一：

1. 幼儿拿出卡片，能不受形状、大小等的干扰区分卡片的颜色，按颜色将不同的卡片进行分类。

2. 分类后，能插上颜色标记，并大胆表述自己的分类结果。

玩法二：

1. 幼儿拿出卡片，能不受颜色、大小等的干扰区分卡片的形状，按形状将不同的卡片进行分类。

2. 分类后，能插上形状标记，能用“把××和××放一起”“他们都是三角形”等表述分类结果。

【活动建议】

这个游戏材料可以灵活多变，可以先让幼儿玩匹配的游戏，就是先将有颜色的图形放在卡槽上，让幼儿对应往上放。匹配是分类的基础，操作过程中如果发现幼儿是先放标志卡片再分类，可以问幼儿“想怎么分”。

10. 找豆豆

【预期目标】

1. 区分三角形、正方形和圆形等图形。

2. 能细心操作完成一份材料。

【材料投放】

绿豆、红豆若干；有三角形、正方形或圆形的底图。

【参考玩法】

幼儿先观察底图上方的形状标识（如图中三角形匹配的是绿豆，圆形匹配的是红豆），将绿豆或者红豆放在底图对应的图形上，直至完成。

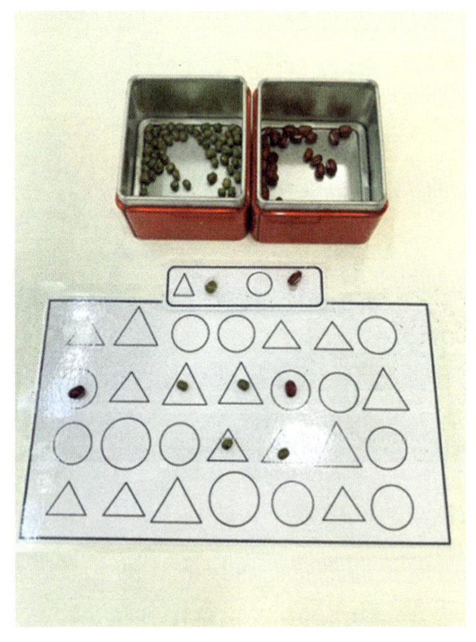

【活动建议】

底图可以设计多种（三角形、正方形和圆形；正方形和圆形等），红豆和绿豆可以用其他豆子替换，如果豆子比较大，建议提供夹子或者小勺子供幼儿使用。

11. 看一看、数一数

【预期目标】

1. 能根据任务卡上的颜色（形状）与数量，投放相应的卡片。
2. 能手口一致地点数 5 以内的数，并按物（数）取物。

【材料投放】

颜色任务卡、形状任务卡、分类盒、不同颜色、形状的图形卡片。

【参考玩法】

1. 选择一张颜色任务卡或形状任务卡，放置在分类盒前面。

2. 根据任务卡上的不同颜色与形状、数量，点数出相同数量的卡片，并放入相应的分类盒中。

3. 验证游戏结果。

【活动建议】

教师可以根据幼儿的活动情况，逐渐增加任务卡的难度。如，将任务卡上的要求从绿色图形 3 个，调整成绿色的正方形 3 个，增加游戏难度。

12. 按规律排序

【预期目标】

1. 能复制模式，表述 AB 模式。
2. 能拓展 AB 模式。
3. 愿意边操作边表述。

【材料投放】

不同颜色、大小的花朵或胶粒若干；两种底图，一种是已经拼搭好的有规律的建构作品；另一种是可以接排的作品。

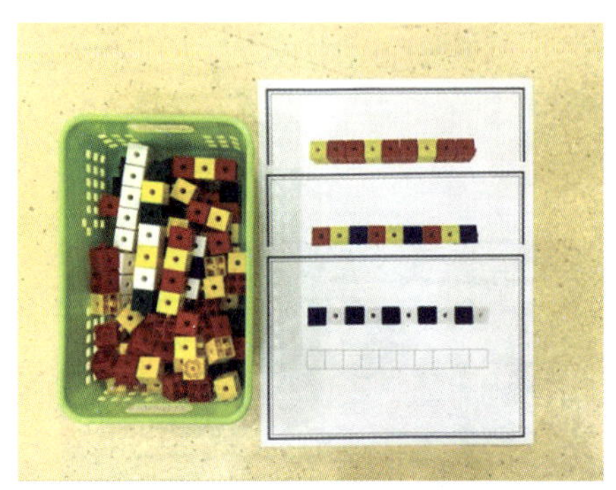

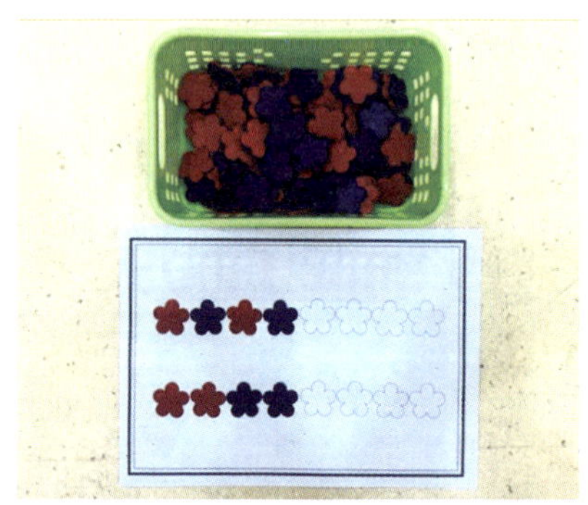

【参考玩法】

玩法一：幼儿观察教师提供的建构作品，尝试复制拼搭出与范例相同的作品，并说出："是按照红色和黄色进行拼搭。"

玩法二：幼儿根据已经拼搭（或摆放）好的有规律的作品，继续拓展拼搭（或摆放），并说出其排列规律。

【指导建议】

1. 材料可以灵活进行替换，如：可以使用叶子和花朵、小狗和小猫等。

2. 可以提供画框格或者花朵的空白底图，幼儿尝试自己设计规律。

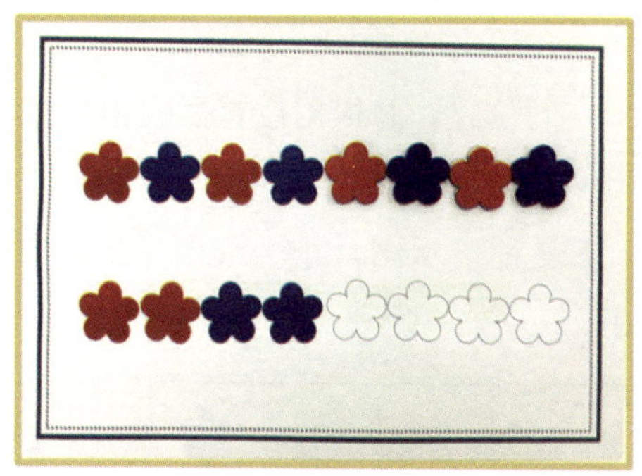

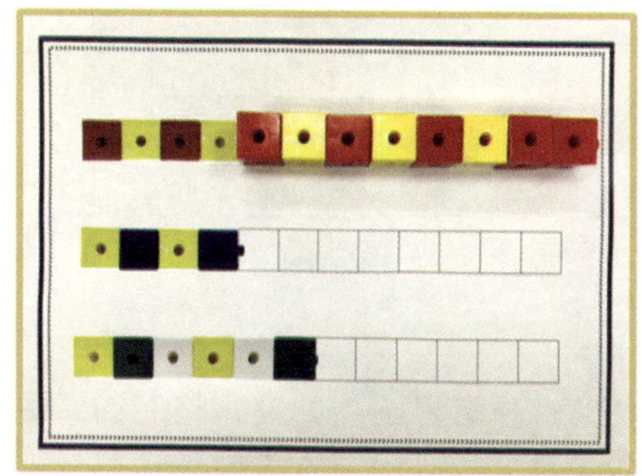

小班下学期数学区活动案例

1. 摆物品

【预期目标】

初步感知物品的空间位置，并根据位置摆放相对应的物品。

【材料投放】

9宫格底图，如下三种指示图，花生或者豆子，颜色、大小不一的雪花片，夹子或粗筷子。

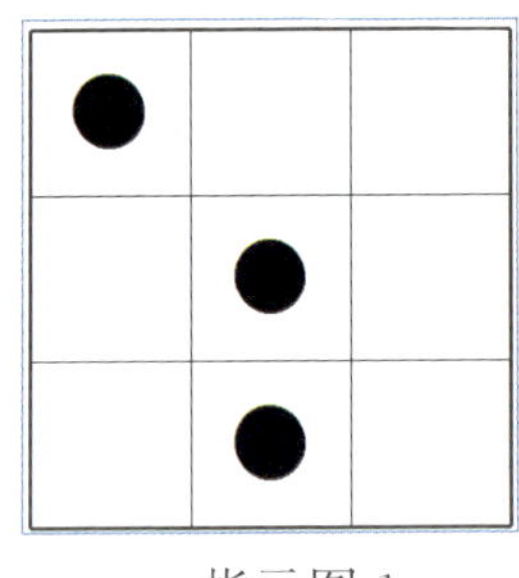
指示图1

指示图2

指示图3

【参考玩法】

玩法一：幼儿任意选择有黑圆点的9宫格底图，观察圆点的位置，将花生或豆子用夹子或者粗筷子夹到相应的位置上，完成所有的卡片游戏。

玩法二：幼儿任意选择不同颜色、大小花片的9宫格指示图，观察不同颜色、大小的花片在 9 宫格的位置，将相应花片放在对应的位置上，完成所有的卡片游戏。

玩法三：幼儿任意选择不同颜色、大小标志的 9 宫格指示图，观察标志在 9 宫格上的位置，将相同种类的物体放在对应的位置上，完成所有的卡片游戏。

【指导建议】

三种指示卡是按照由易到难的顺序投放的，可以同步投放，教师要观察幼儿的游戏情况。指示卡中物品的数量也可以逐步增加。

2. 区分长短

【预期目标】

1. 能区分 5 个以内物体的长短，按照差异进行排序。
2. 观察、识别 5 个以内物体的长短排列方式并进行对应匹配。

【材料投放】

玩法一材料：比较长短的操作底图（带有标识线），不同颜色、长短的吸管、冰棒棍、木棒等放在不同的篮子里，长短排序指示卡。

玩法二材料：操作框格底图，操作提示卡，不同长短物品。

【参考玩法】

玩法一：幼儿选择教师提供的 5 种颜色的吸管（或者其他物品），将吸管放在底图的标识线上进行长短比较，可以并排比较或者重叠比较，说一说哪根最长，哪根最短。接着，幼儿取一张长短排序指示卡，放在底图左侧，按照从长到短或者从短到长的规律对吸管进行排序。

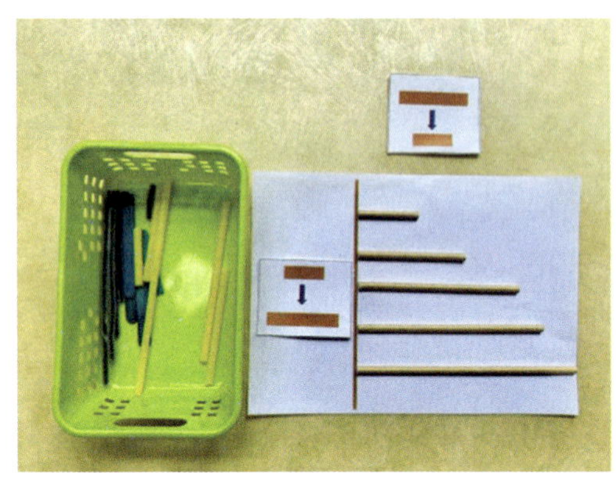

玩法二：幼儿观察操作底图左侧框格提示卡，观察其长短的排列方式，寻找以相同的长短方式排列的物体卡片，摆放在右侧的框格里，摆满格子游戏结束。

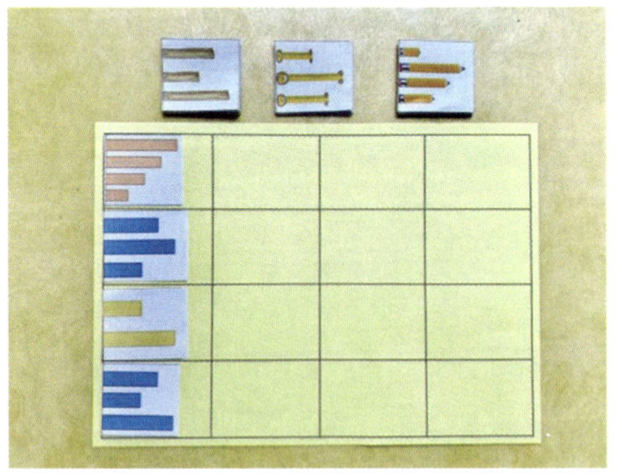

【指导建议】

游戏初期，操作提示卡的投放，可以先固定。提示卡长短条数量可以从 2 个逐步增加到 4 个，待幼儿熟悉玩法后可以让幼儿自主选择摆放不同的指示卡片。

3. 数一数

【预期目标】

1. 点数数量 5 以内的物体并说出总数。

2. 进一步感知 5 以内物体的数量，能按数取物。

【材料投放】

玩法一材料：勺子、碗；不同小动物、水果等模型若干；数字卡片。

玩法二材料：碗、勺子、筷子、小碟、心形指示板等。

玩法三材料：有数字的印花操作卡、印泥、不同印章。

玩法四材料：水果盒、各种动物模型、花片等物品若干。

【参考玩法】

玩法一：幼儿先将数字插到卡槽里，往盒子里面放相应数量的动物模型（水果或花片）。

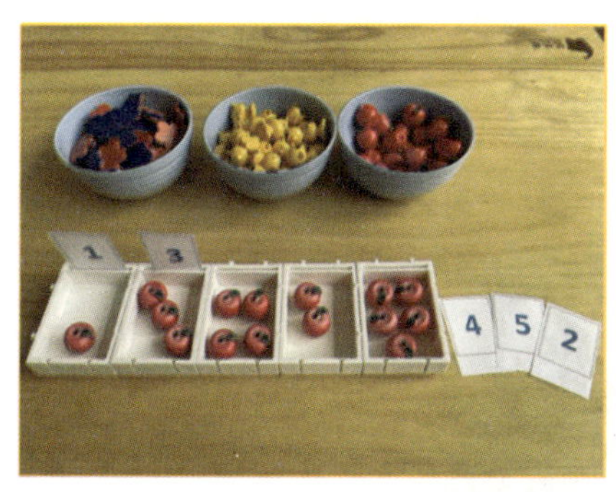

玩法二：幼儿根据餐桌上的心形数量确定用餐的人数，取相应数量的碗、勺子或筷子等摆放在桌面上。

玩法三：幼儿随意取有数字的印花操作卡，根据左侧的数字，印出相应数量的图案。

玩法四：幼儿取一个数字圆点卡片放在旁边或放在中间的格子里，将相应数量的物品摆放在盘子的格子里。

【指导建议】

玩法一的材料可以多变。

玩法二可以结合娃娃家游戏进行。

玩法三中有数字的印花操作卡可以过塑后多次使用，数量多少可以根据幼儿的发展水平调整。

玩法四中摆放在盘子里的各种材料教师可以随机选择，数量充足即可。

4. 形状分类

【预期目标】

能排除大小、颜色的干扰，进行形状分类。

【材料投放】

大小、颜色、形状不同的圆形、正方形、三角形卡片若干，形状标记，分类盒。

【参考玩法】

幼儿将相同形状的图形放入分类盒中，再将形状标志插入分类盒卡槽中，并说出分类的理由，如“将一样的三角形放在一起”。

【指导建议】

可以提供颜色、大小标志，让幼儿开展其他分类活动。

5. 找苹果

【预期目标】

1. 能排除大小、排列方式的干扰，找出一样多的物体。

2. 理解游戏规则，耐心完成游戏任务。

【材料投放】

16 宫格底板；20 宫格底板；小大不同、排列方式不同的苹果卡片（数量 2～5）若干张；圆点卡片、数字卡片。

【参考玩法】

1. 幼儿将苹果卡片背面朝上摆放在 16 宫格底盘上，将数字卡片（圆点卡片）摆放在 20 宫格底图的左侧方框里。

2. 幼儿每次翻开 2 张卡片，观察、对比 2 张卡片的数量多少，如果 2 张卡片苹果数量一样多，则放入 20 宫格底图的相应数字卡槽中。如果翻开的 2 张卡片苹果数量不一样，盖上后，继续翻找。

3. 卡片全部翻完并放入相应的 20 宫格底图中，游戏结束。

【指导建议】

20宫格底图左侧的方框中，教师可以先投放圆点卡片，再投放数字卡片。数字卡片摆放可以随机，也可以按照顺序进行摆放。

6. 拼搭积木

【预期目标】

1. 能按图拼搭图形，感知积木的上下位置。
2. 点数积木的数量，并初步学习用简单的符号记录积木的数量。

【材料投放】

红黄两种颜色的方块，红黄两种方块的数量记录卡片、上下位置方块的数量记录卡片、游戏任务片。

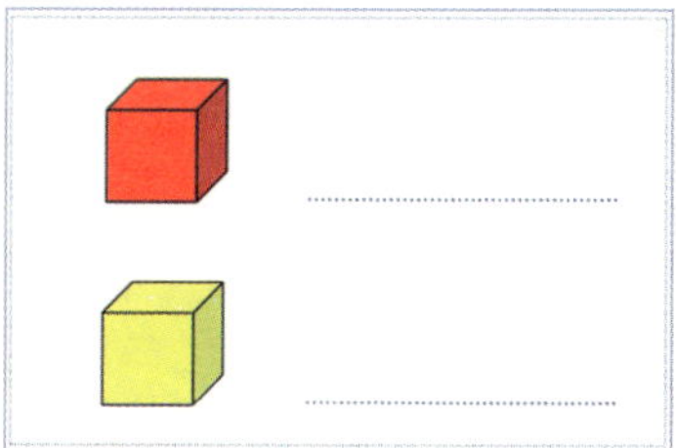

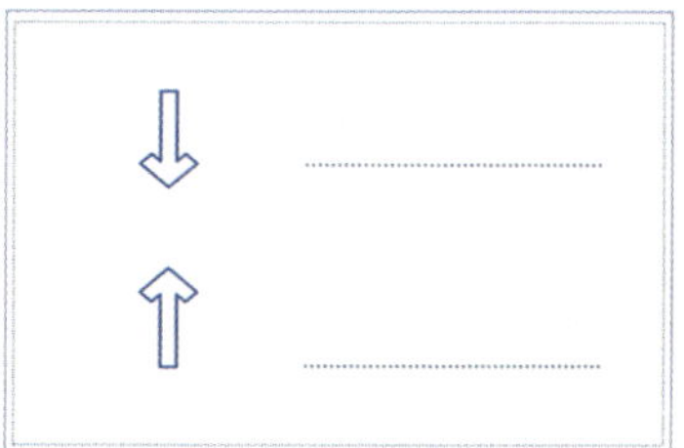

【参考玩法】

玩法一：幼儿选择一张游戏任务卡，根据卡片中的图形进行拼摆，点数红黄两种颜色的方块数量，可以用圆圈或者其他符号在记录纸上记录积木的数量。引导幼儿说一说，黄色的有几块，红色的有几块。

玩法二：提供只有两层积木的游戏卡片，让幼儿拼搭积木，再点数上下层积木的数量并进行记录，引导幼儿说一说，上面有几块积木，下面有几块积木。

【指导建议】

1. 第一种玩法，游戏卡片可以更换，可以通过增加积木的数量、层数和颜色，提升活动的难度。

2. 第二种玩法，游戏卡片的设计可以增加不同颜色的方块进行干扰。

3. 建议先引导幼儿用圆点进行记录，支持能写数字的幼儿用数字来记录数量。

7. 骨牌游戏

【预期目标】

1. 识别骨牌的颜色排列规律并表述。

2. 根据底图，按照 AB 或 AAB 等规律进行对应排、补排、接排等。

3. 耐心地完成操作，发现错误及时调整。

【材料投放】

汽车底图若干份、骨牌一套。

【参考玩法】

玩法一：幼儿观察汽车上骨牌的颜色排列规律（有 AB、ABB、AAB）并尝试表述。如：可按照 1 个红色 2 个黄色进行摆放，再选择 1 个空白底图进行复制一样规律。

玩法二：1. 幼儿自行选择不同的底图，观察其规律，在底图的基础上接着往后排，或者填补有缺少的骨排。

2. 幼儿完成排序后，进行检查，发现错误及时调整。

玩法三：幼儿根据提供的空白底图，自主选择物品在汽车上进行排序并表述排序的规律。

【指导建议】

两种玩法与提供的材料底图有密切的关系，建议第一种玩法和第二种玩法先玩熟悉以后再投放第三种玩法材料供幼儿游戏。火车上的骨牌可以用胶粒、花片、实物（扣子、树叶等）替代。

8. 小小飞行棋

【预期目标】

1. 复习巩固 5 以内的数量。

2. 理解游戏规则，喜欢参与竞赛游戏。

【材料投放】

1～5 的圆点骰子 1 个、小旗子（2 色）、飞行棋底图。

【参考玩法】

玩法一：幼儿投掷骰子，根据骰子上的圆点，移动小旗的步数。游戏重复进行，旗子到达终点，游戏结束。

玩法二：两名幼儿游戏，各选择一个颜色的小旗，轮流投掷骰子，根据骰子上的圆点，移动自己小旗的步数，旗子先到终点者为胜。

【指导建议】

游戏过程要观察幼儿点数骰子的方法，并对游戏规则进行指导。

飞行棋底图可以多设计几种，建议从有图案过渡到无图案。

9. 前后、上下、里外

【预期目标】

1. 巩固对物体空间位置的认识。

2. 理解上下、前后、里外并能用方位词表述。

【材料投放】

玩具小屋（内有床铺、桌子、椅子、娃娃、玩具等物品。）、物品摆放指示图若干。

【参考玩法】

幼儿摆放玩具小屋的物品，将床铺、桌子、椅子、娃娃等物品摆放在里面，并请幼儿说一说物品在哪里，如说：“娃娃在床铺上，盘子在桌子上。”

【指导建议】

该活动需要一定的情境，建议结合娃娃家游戏场景，让幼儿边摆边游戏，教师可以请幼儿来说一说物品摆在什么位置。

10. 按规律摆放物品

【预期目标】

1. 能自主摆放或设计有规律的物品，并能表述规律。

2. 能按照标志，收拾整理活动材料。

【材料投放】

玩法一材料：长短、颜色不一样的胶粒一筐。

玩法二材料：各种生活用品，如碗和勺子等。

【参考玩法】

玩法一：幼儿根据提供的胶粒有规律地进行拼搭，并说出自己设计的规律。

玩法二：幼儿按照一定的规律摆放勺子和筷子，并说出自己是如何摆放的。

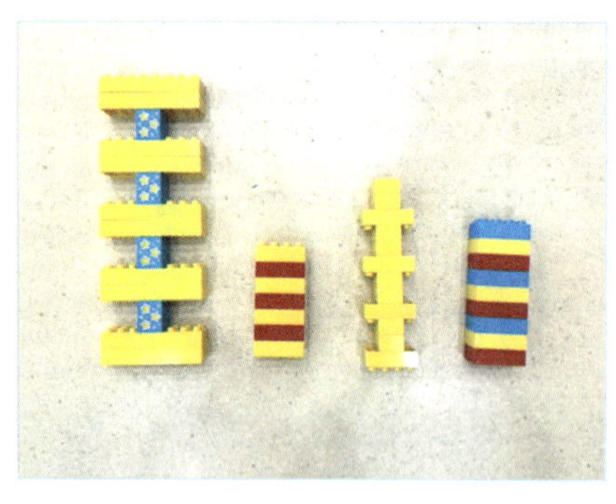

【指导建议】

可以结合生活物品，让幼儿迁移经验，尝试有规律地摆放各种物品，感受规律在生活中的运用，体验规律排序美。

11. 比较高矮

【预期目标】

1. 区分高矮，并按高矮差异进行正逆排序。

2. 观察、识别 3 个物体的高矮排列方式并进行对应匹配。

【材料投放】

玩法一材料：比较高矮操作底图（带有标识线），各种高矮物品的卡片（树、人、杯子等），高矮排序指示卡。

玩法二材料：操作框格底图，操作标识卡，不同高矮物品卡片。

【参考玩法】

玩法一：幼儿选择教师提供的物品，将物品放在底图的标识线上比较高矮；再选择长短排序指示卡，按照从高到矮或者从矮到高的规律排序。

玩法二：幼儿观察操作底图左侧标识卡中长短的排列方式，寻找相同的长短排列方式的物体卡片，摆放在右侧的格子，摆满格子游戏结束。

12. 图形拼摆

【预期目标】

1. 进一步感知图形的不同特征。

2. 能用图形进行组合造型。

【材料投放】

造型指示图、各种图形磁力片。

【参考玩法】

幼儿观察造型指示图，在指示图上面直接拼摆出相同的造型。或者将造型指示图放旁边，根据指示图拼摆出相同的造型。

【指导建议】

两种玩法可以同步进行。磁力片的图形较为多样，有些图形幼儿不认识这是正常的，能对应摆放即可。

中班上学期数学区活动案例

1. 分类

【预期目标】

能排除大小、颜色或形状的干扰，将图形按形状、大小或颜色等进行分类。

【材料投放】

不同颜色、大小的三角形、正方形、圆形等卡片，操作底图，分类盒，颜色、形状、大小标志。

【参考玩法】

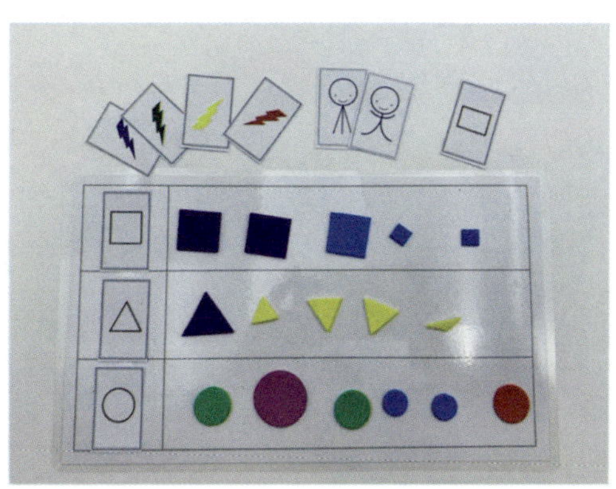

玩法一：把相同形状（颜色、大小）的图形摆放在长方形格子里，在左侧正方形格子里摆放相应的形状（颜色、大小）分类标志，并说出这么放的理由。

玩法二：把图形按大小（形状、颜色）摆放在分类盒里，在分类盒的上方摆放相应的大小（形状、颜色）分类标志，并说出分类的理由。

【指导建议】

提供的图形可以包括不同颜色、大小的三角形、圆形、正方形、长方形和椭圆形等。

2. 数字宝宝交朋友

【预期目标】

1. 感知 1～5 的数量，认读数字 1～5 并理解实际意义。
2. 能根据数字找到数量对应的图片。
3. 理解数的守恒。

【材料投放】

圆形底图数字卡片、1～5 的数量实物卡片若干。

【参考玩法】

幼儿随意地选取数字卡片，把数字卡片放在中间的圆圈里，然后再找数量对应的实物卡片，放在四周的格子里。

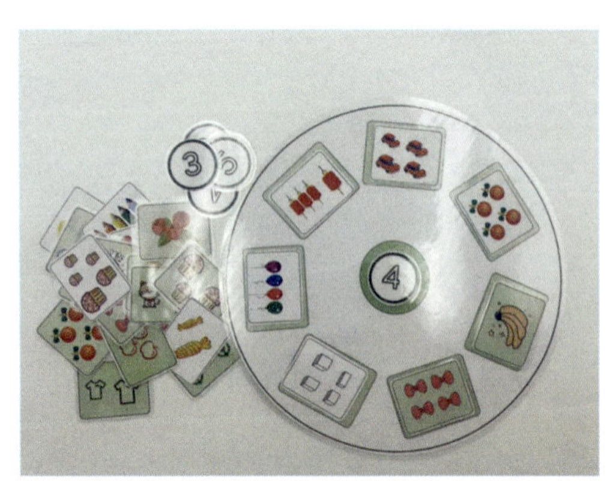

【指导建议】

1. 引导幼儿将数字卡片和数量卡片放在对应的格子

里后，检查数字卡片和数量卡片是否对应。

2. 实物卡片的数量和数字可以逐步加大。

3. 按物体数量分类

【预期目标】

1. 按照数量对 7 以内物体进行分类。

2. 能表述分类的理由。

【材料投放】

1～7 数字卡片、1～7 的数量实物卡片、圆点卡片若干、分类盒等。

【参考玩法】

幼儿点数实物卡片里物品的数量，将相同数量的物品放到分类盒的格子里，分好后，在卡槽上插上相应数量的数字。

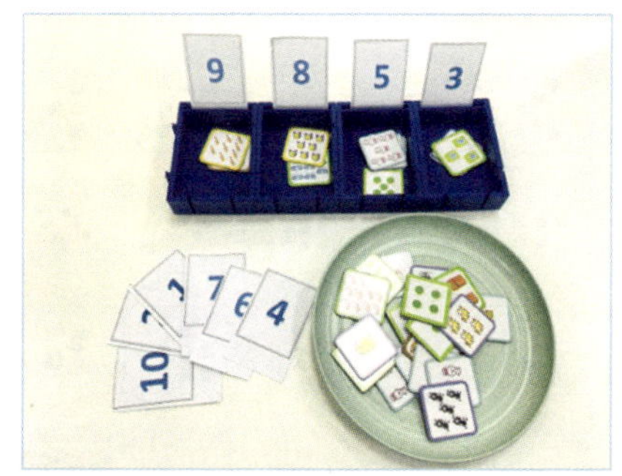

【指导建议】

1. 可以根据幼儿的游戏情况，将实物卡片、圆点卡片的数量及数字调整到 10 以内。

2. 引导幼儿学习检查是否正确。

4. 汽车号码牌

【预期目标】

1. 感知 1～9 的数量，认读数字并理解实际意义。

2. 能根据圆点找相应数量的数。

【材料投放】

5 联排的圆形点卡、1～9 的数字若干、汽车图片若干。

【参考玩法】

幼儿随意选取一张连排的圆形点卡，点数每格圆点数量，根据数量找对应的数字粘贴在汽车的车牌上。

【指导建议】

点数圆形点卡初期，幼儿容易出错，教师要观察幼儿点数时出现的漏数或者多数的原因，引导幼儿掌握不多数、不漏数的策略。

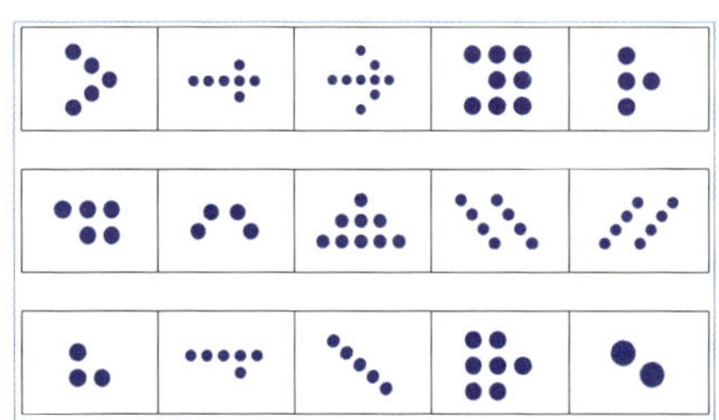

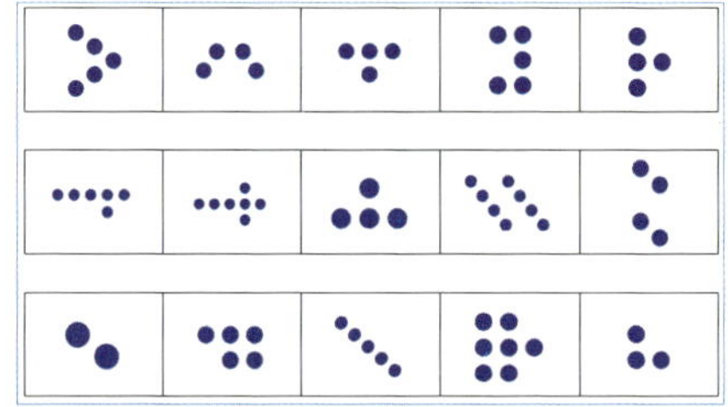

5. 按规律排序

【预期目标】

1. 能按一定的特征进行规律排序。

2. 进一步感知规律在生活中的应用。

【材料投放】

颜色、大小不同的扣子若干，大小、颜色不同的花片若干，AABB、ABB、BAA 等规律提示卡，枝叶底图，裙子、围巾等底图，彩笔等。

【参考玩法】

玩法一：观察规律提示卡，根据颜色或者大小规律，将扣子或者花片进行摆放枝叶上，变成一组漂亮的花。

玩法二：幼儿根据提供的材料，自己摆放花朵，说一说是按照什么规律设计花朵的。

玩法三：提供小裙子、围巾等底图，让幼儿自主为裙子或围巾设计有规律的花边。

【指导建议】

可提供空白的纸张让幼儿自主设计图形规律的指示卡，再摆放不同的图形规律。

6. 趣味手指游戏

【预期目标】

1. 尝试用动作、声音表现规律。
2. 初步发现生活中很多事情有一定的顺序和规律。

【材料投放】

材料：动作卡片。

【参考玩法】

玩法一：幼儿根据提供的动作卡片进行动作游戏，请幼儿说做一组单元动作的规律。如“我是按照锤子、剪刀、布做动作的”。

玩法二：可以两名幼儿轮流游戏，互相说一说对方是怎么做动作的，做对了吗？

玩法三：三名幼儿游戏，每名幼儿做一个动作，要求是重复进行的。如：一人出锤子、一人出剪刀、一人出布，反复进行游戏。

玩法四：幼儿根据提供的各种手指动作卡，自行设计不同的规律提示条，再进行动作表演。

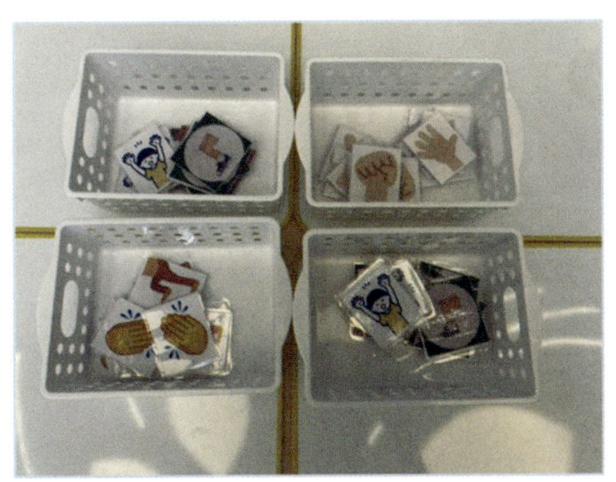

【指导建议】

提供的动作卡片可以丰富一些，增加一些跺脚、拍肩等动作，支持幼儿多样玩法。

7. 拼扑克

【预期目标】

初步理解总数与部分数的关系。

【材料投放】

操作底板、4～7的扑克牌数字方框（4种花色）、扑克牌中间的花色卡片（按数量剪成不同的形状）。

【参考玩法】

玩法一：幼儿根据扑克方框的花色和数字，找到相对应的花色和数量，将卡片（1 张）摆放到扑克方框里。

玩法二：幼儿根据扑克方框上的数字和花色，寻找相对应花色的两张卡片，拼到数字方框里。允许尝试不同数量的拼法，如数字“7”可以用 1 个红心卡片和 6 个红心卡片组合，也可以是 3 个红心卡片和 4 个红心卡片组合。

【指导建议】

1. 扑克数字方框的数字可以根据情况调整为 2～10。

2. 扑克方框数字也可以是同组数字、同组花色，让幼儿感知不同的组合方式。如数字“5”的红心扑克，就有四种组合方式。引导幼儿初步感知分解与组成。

8. 夹花生

【预期目标】

练习 10 以内的按数取物，发展手眼协调能力。

【材料投放】

花生、数字卡片、分类盒、筷子、碗、盘子、6～10 的数字骰子。

【参考玩法】

玩法一：幼儿根据卡片上的圆点数量，用筷子从碗里夹出对应数量的豆子，放入分类盒中。

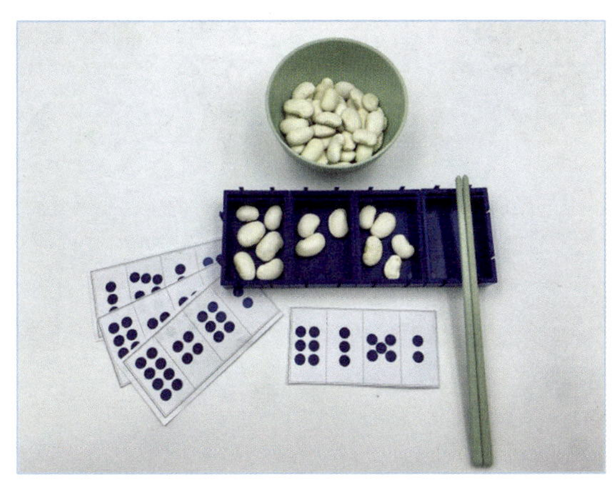

玩法二：幼儿将数字卡片分别放在分类盒卡槽上，根据卡片上的数字，用筷子从碗里夹出对应数量的花生，放入分类盒中。或者先夹花生再取数字卡片。

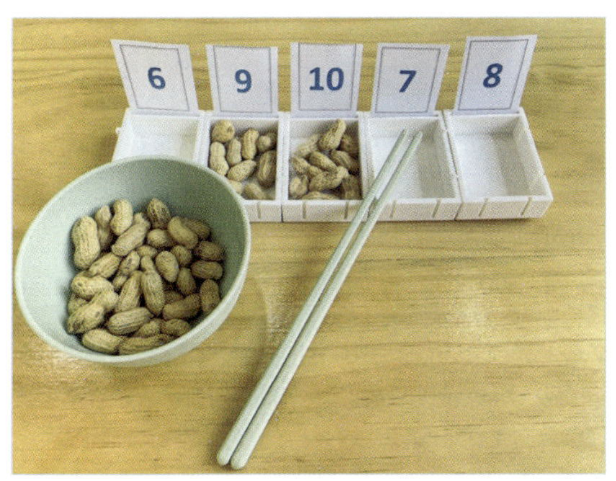

玩法三：两名幼儿游戏，任意一名幼儿甩骰子，根据骰子的数量，将花生夹入碗里，速度快且正确者奖励一面旗子，活动结束后，旗子多者为胜。

【指导建议】

1. 教师可以指导幼儿正确地使用筷子。

2. 花生可以换成红豆、黄豆等，逐步提高难度。

9. 种花片

【预期目标】

1. 仔细观察，能根据纵横两个标识的特征（要求），摆放相对应的物品。

2. 表述自己操作的过程或结果。

【材料投放】

玩法一材料：花心和花瓣颜色不一样的花朵若干，种小花底图一份。

玩法二材料：四种颜色的胶粒若干，搭积木底图一份。

【参考玩法】

玩法一：幼儿观察横排和竖排中花朵和花心的颜色，选择适宜的花朵放在不同的框格里，如第一排第一个，摆放的花朵是：花瓣是红色的，花心是粉色的。

玩法二：幼儿观察横排和竖排中胶粒的颜色与数量，选择适宜的花朵放在不同的框格里。如第一排第 1 个，摆放的积木是红色的积木 1 个；第一排第 10 个，摆放的积木是红色的积木 10 个。

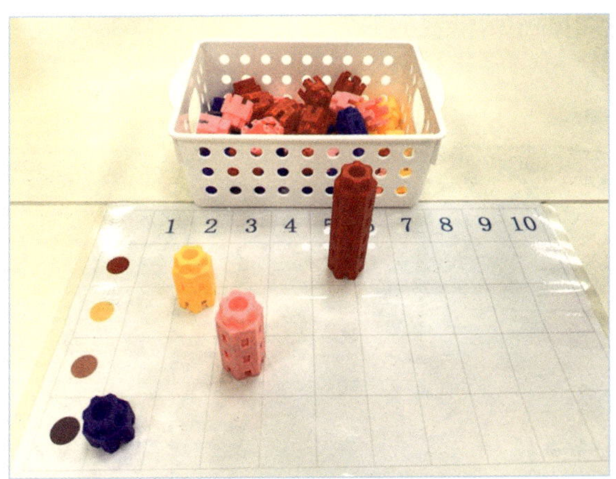

【指导建议】

第二种玩法的底图不一定是按照一定的顺序摆放数字，数字可以随意摆放。

10. 花瓣拍照

【预期目标】

1. 认识 1～10 以内的数字，理解 10 以内相邻两数多 1 或少 1 的关系。

2. 知道数字 2～9 的相邻数，理解 10 以内相邻数的关系。

【材料投放】

数字花瓣。

【参考玩法】

玩法一：

1. 随机转动其中一个数字花朵，将任意数字花瓣停留在相框中。

2. 转动另一个数字花朵，找到与相框中数字花瓣上的数多 1 或少 1 的数字花瓣，停留在相框中。

3. 能说出相框中两个数的关系，如：1 比 2 少 1、2 比 1 多 1，并给相框中花瓣拍照。

玩法二：

1. 随机拿取一张数字卡片放在相框中间位置。

2. 分别转动两个数字花朵，找到与相框中的数字相邻的数字花瓣，停留在相框中。

3. 能说出相框中三个数的关系，如：5 的相邻数是 4 和 6，4 比 5 少 1、6 比 5 多 1，并给相框中花瓣拍照。

【指导建议】

给相框中花瓣拍照，可以让幼儿做拍照的动作，也可以拿笔和纸张让幼儿尝试写出来。

11. 荷叶上的青蛙

【预期目标】

1. 能按数取物或按物取数。

2. 感知 10 以内物体的数量，发展幼儿顺接数的能力。

【材料投放】

操作底图（内含空白荷叶、有 1 只青蛙的荷叶、有 2 只青蛙的荷叶、有 3 只青蛙的荷叶等）若干，数字卡片若干，青蛙若干。

【活动玩法】

玩法一：选一个数字贴在左侧方框里，根据方框里的数字在荷叶上放青蛙，使青蛙数量与数字相同。

玩法二：先将青蛙放在荷叶上，数一数是几只青蛙，然后取相应的数字放在荷叶上。

玩法三：教师先在左侧方框里贴上数字，荷叶上有少于数字数量的青蛙（如有 1 只青蛙的荷叶、有 2 只青蛙的荷叶、有 3 只青蛙的荷叶），幼儿可以在原有青蛙数量的基础上，放上青蛙，使荷叶上青蛙的数量与左侧方框里的数字相匹配。

【指导建议】

幼儿可以自由选择不同的玩法。在玩第三种玩法的时候，教师要引导幼儿在原有叶子数量的基础上，接着往后数，发展幼儿顺接数的能力。

12. 花片顺接数

【预期目标】

1. 进一步感知 10 以内物体的数量。
2. 学习用顺接数的方式进行计数。

【材料投放】

正反两种颜色的花片，数字是 1～5 的骰子，数字是 6～10 的骰子，10 宫格的空白底图和 10 宫格的花朵底图（每张底图有不同数量的花片）。

【材料投放】

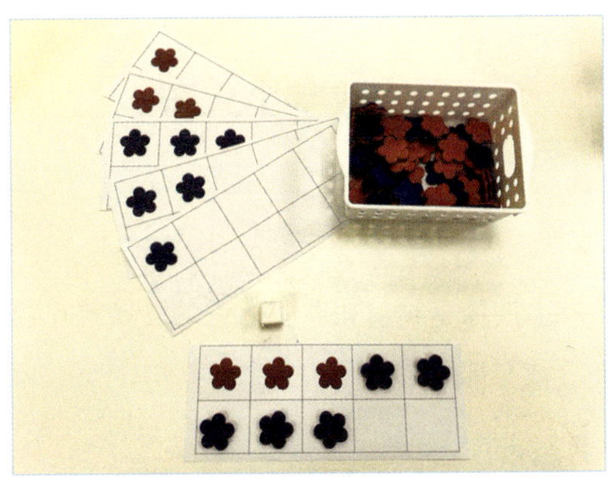

玩法一：幼儿掷 6～10 数字的骰子（如掷到的数量是 7），根据提供的底图继续摆放花朵，接着摆的花朵图案可以是另一面的颜色，直至花朵的数量是 7。将所有的底图摆放完毕，并检查是否正确。

玩法二：两人进行游戏，一名幼儿掷数字是 1～5 的骰子，先看掷出骰子的数字，如果是 3，10 宫格的空白底图摆上 3 片花片；另一名幼儿再掷数字是 6～10 的骰子，如果是 9，就在前面花片数量的基础上，接着往后摆花片，直到总数是 9。共同检查是否正确。游戏双方可以轮流进行。

玩法三：两人进行游戏，一名掷数字是 1～5 的骰子，先看掷出骰子的数字，如果是 2，两名幼儿同时在 10 宫格的空白底图上摆上相应数量的花片；另一名幼儿再投数字是 6～10 的骰子，如果是 7，两名幼儿开始接着摆花片，摆完后检查是否正确，速度快且正确者为胜利。

【指导建议】

1. 游戏过程中，教师要引导幼儿学习如何进行顺接数，把已有的数量记在心里，接着往后数（如记住 3，接着往后数 4、5、6……）

2. 玩法二，可以一人玩，也可以两人玩。一人玩的时候要同时投两个骰子，先摆数小的骰子的花片，再接着摆与数大的骰子相差的花片，直到花片数量与数字大的骰子匹配。

3. 游戏过程中要引导幼儿灵活使用花片的两个颜色进行游戏。

13. 数字小火车

【预期目标】

1. 能根据车厢上的数字，取相对应数量的物体放在两节车厢上。
2. 初步感知总数与部分数之间的关系。

【材料投放】

两节车厢的火车，2～7 数字卡，糖果卡片若干，火车底图。

【参考玩法】

玩法一：幼儿选择数字卡片放在火车头，然后取相应数量的糖果放在两节车厢上，想一想还有几种方法。再继续摆放糖果。

玩法二：幼儿自己取一张空白的卡片，在上面画圆点或者写数字，然后往两节车厢上摆相应数量的水果。

【指导建议】

1. 根据幼儿游戏情况，可以增加数字卡片 2～10。

2. 要引导幼儿分享交流操作的过程。

14. 拼图形

【预期目标】

1. 感知图形整体与部分的关系。

2. 发展思维的灵活性，提升空间感知能力。

【材料投放】

玩法一材料：挖出若干正方形的镂空地垫，利用挖出的图形裁剪成各种形状。

玩法二材料：七巧板、造型卡片、图案底图。

【参考玩法】

玩法一：幼儿选择不同的小图形，在地垫镂空的图形处进行拼合。可以两名幼儿同时进行，看谁拼得又快又好。

玩法二：幼儿观察造型卡片特征，选择七巧板的各种图形进行拼摆，组合成一样的图形。

玩法三：幼儿观察图案底图的外形特征，选择图形在轮廓内进行拼摆，填满镂空图形即可。

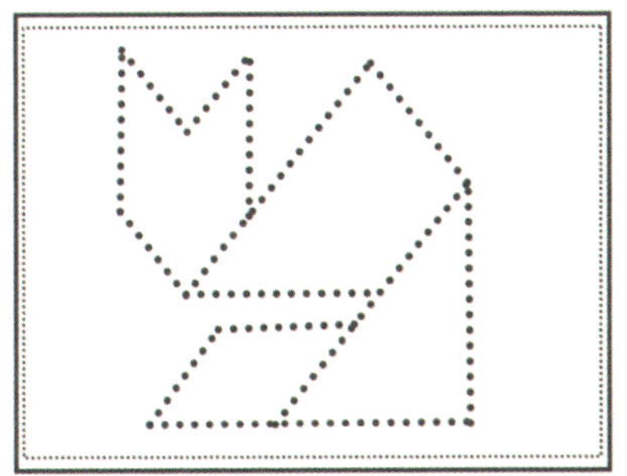

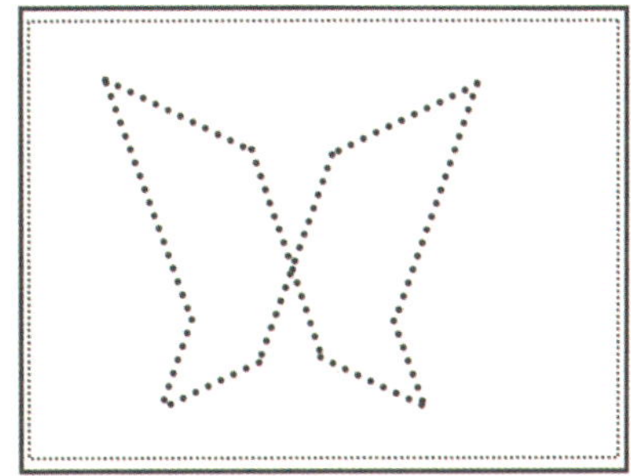

【指导建议】

玩法三的图案底图难度可以逐渐加大。

中班下学期数学区活动案例

1. 停车场

【预期目标】

1. 能根据车牌号码找对应的停车位。

2. 感知 10 以内数的数量守恒。

【材料投放】

1. 停车场操作底板，每个车位上贴有车牌号（号码牌是由数字和图案组合成）。

2. 贴有车牌号的小汽车。

【参考玩法】

玩法一：幼儿根据汽车的车牌号，在停车场的操作底板上寻找相对应的车牌号（号码牌是由数字和图案组合成），把小汽车停到该车位上。

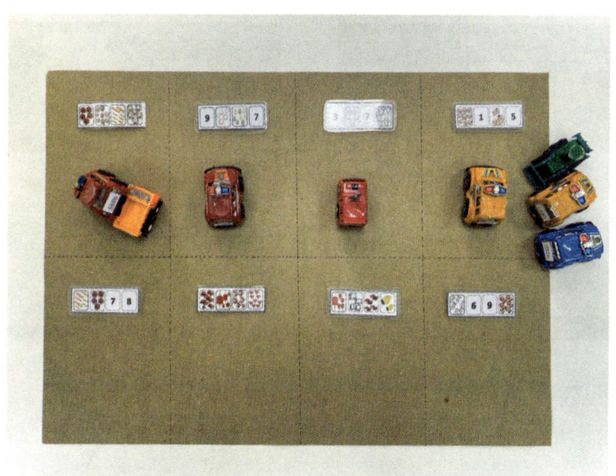

玩法二：

1. 两名幼儿参与游戏，比赛看谁停的车数量多并且停对者为胜利。

2. 相互检查是否停对了车。

【指导建议】

1. 引导幼儿认真核对车牌号与车位的提示卡，要所有数字都相同才能把小车停进去。

2. 如果两名幼儿开始玩，可以先由老师帮助检查是否正确，再指导幼儿相互检查。

3. 汽车号码牌的数字可以从四位数提升到 6 位数。

2. 数字 9 宫格

【预期目标】

能点数圆点卡片上的数量，并将相应的数字放在 9 宫格对应的位置。

【材料投放】

9 宫格底板、数字卡、圆点卡片。

【活动玩法】

1. 幼儿随机选取一张圆点卡片，并逐格点数。

2. 根据点数出的数取出相应的数字，放在 9 宫格对应的位置。

3. 9 个格都点数完以后，请教师或同伴进行验证。

4. 换一张圆点卡片，重新游戏。

【指导建议】

1. 游戏过程不要强求幼儿一定要按照顺序来找数字的位置。

2. 幼儿寻找位置出现错误或者凌乱时，教师不急着指导，要引导幼儿学会自己观察是否正确，寻找出错的地方再调整。

3. 设计车牌

【预期目标】

1. 进一步感知 9 以内数的物体的数量。

2. 学习书写 9 以内的数字。

【材料投放】

小汽车若干辆、铅笔、笔擦、印章、印泥、5 宫格空白底图、圆点 5 宫格卡片、汽车号牌底图等。

【参考玩法】

玩法一：幼儿点数圆点 5 宫格卡片中圆点的数量，将数字写到汽车号牌底图上，为汽车设计 5 位数的汽车号牌。

玩法二：幼儿自己选择不同的印章，在 5 宫格空白底图上进行设计，根据数量书写汽车号码牌的数字，为汽车设计 5 位数的汽车号牌。

【指导建议】

幼儿学习书写数字过程中，指导幼儿正确握笔，可以提供规范数字供不会写的幼儿参照。

4. 数字翻翻乐

【预期目标】

1. 能较快地记忆“翻盖记忆盒”中数字、圆点的位置并寻找卡片的相应位置。

2. 理解游戏规则，喜欢合作游戏。

【材料投放】

玩法一材料投放：翻盖记忆盒 1 个，游戏底板 1 张（上面有字母贴），数字卡片，实物卡片，圆点卡片（1～6），数字骰子 2 个（1～6，5～10）。

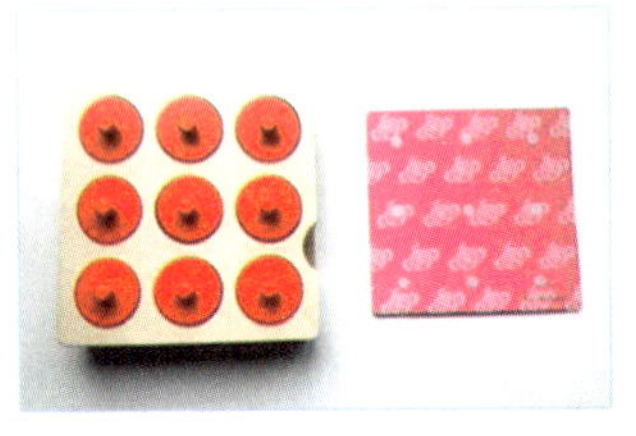

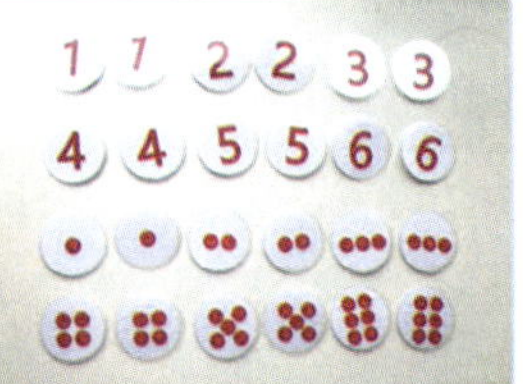

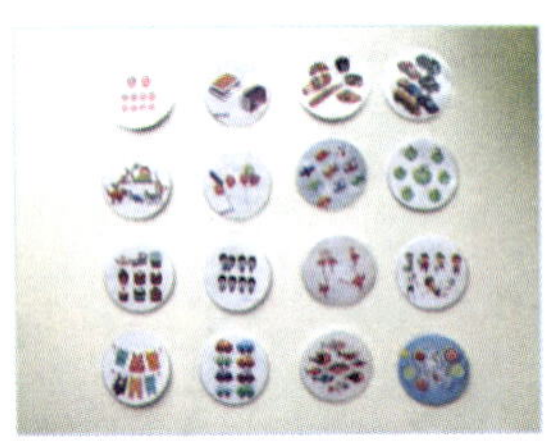

【参考玩法】

玩法一：

1. 幼儿先将数字卡片随机粘贴在游戏底板上，将游戏底板插进“翻盖记忆盒”，记忆数字卡片或圆点卡片的位置后，盖上盖子。

2. 两名幼儿猜拳，赢的一方先掷骰子（1～6）。

3. 根据骰子上面的数字找出在记忆盒里相应的数字卡片或圆点卡片的位置，翻开验证。

4. 正确的一方得到一个盖子，数一数谁的盖子多，多的为胜。

玩法二：

1. 先将图案卡片随机粘贴在游戏底板上，幼儿进行点数和记忆后插进翻盖记忆盒，盖上盖子。

2. 两名幼儿猜拳，赢的一方先掷骰子。（5～10）

3. 幼儿根据骰子上面的数字，寻找记忆盒里相应数量卡片的位置，翻开盖子后，点数验证。

4. 根据盖子数量，分出胜负。

【指导建议】

游戏卡片里的物品和圆点数量根据实际情况进行调整。

5. 小鱼游游游

【预期目标】

1. 理解标记含义，能根据各类坐标信息，正确摆放小鱼游的方向。

2. 感知和判断上下、左右的空间方位。

3. 养成细心观察、认真检查的好习惯。

【材料投放】

格子底板、箭头、颜色标记卡、颜色标记、各色小鱼。

【参考玩法】

玩法一：

1. 幼儿取出箭头卡片，按照自己的意愿摆放在第一排格子里。

2. 观察第一排格子里的箭头，能根据箭头指示正确摆放小鱼游的方向。

3. 摆放完毕能进行检查。

玩法二：

1. 取出底板，将颜色标记和箭头分别摆放在第一列和第一排的格子里。

2. 能够认真观察颜色标记和箭头指示，确定小鱼游的方向并摆在相对应的位置上。

3. 摆放完毕能够认真检查。

玩法三：

1. 取出底板，将颜色标记卡摆放在第一列格子里，将箭头指示卡摆放在第一排格子里。

2. 认真观察颜色标记卡和箭头，综合纵横坐标信息，确定不同小鱼对应的颜色（一排四个格子里小鱼的颜色要与颜色卡逐一匹配）及箭头方向，将小鱼摆到正确的位置。

3. 摆放完毕能够按照自己的方法进行检查。

【指导建议】

1. 可以根据实际情况，打乱颜色标记让幼儿进行游戏，也可以让幼儿设计颜色标记。

2. 游戏中鼓励幼儿探索检查方法。

6. 眼疾手快

【预期目标】

感知 5 以内数字的组成和分解，体验总数和两数之间的关系。

【材料投放】

按铃、4 以内数量的水果纸牌（水果品种可不同）、2～5 数字卡。

【参考玩法】

玩法一：

1. 三人进行游戏，一人当裁判，两人面对面坐好，商量好要玩的数字是几，假设是 5。

2. 裁判先出牌，另外两人要快速从自己的牌中找出合适的牌，使自己牌面上的水果数量和裁判手中牌面上的水果数量之和等于先前商量好的数字。例如：要玩的是数字 5，裁判先出一张水果数量为 1 的牌，另外两人要快速从自己的牌中取出有 4 个水果数量的牌。谁先出牌，谁就赢。

3. 赢者接收三张牌，如果两人都错了，那么裁判接收牌。

玩法二：

1. 两人为一组，商量好要玩的数字是几，假设是 4，就将数字卡 4 放在旁边。

2. 两人同时出牌，当双方牌面上同一种水果之和等于商量的数字时，就快速按铃。例如：商量的数字是 4，当对方牌面上的梨子和自己牌面上的梨子合起来总数是 4 时，就快速按铃。

3. 谁先按到铃，谁就是赢者，可以接收水果卡片，水果卡片多者赢。

【指导建议】

1. 卡片上的图案可以根据实际情况进行调整，不一定是水果，可以是汽车、蔬菜、动物等。

2. 玩法二的水果纸牌中，重复性的水果要多，这样才能增加幼儿按铃的概率。

7. 摆花片

【预期目标】

1. 感知 7 以内数字的组成和分解，体验总数和两数之间的关系。

2. 学习运用数字、分合号记录操作的结果。

【材料投放】

正反两色花片若干，5、10、20 宫格子的底图若干，有分合号的记录纸，笔，自制 2～7 的数字骰子等。

【参考玩法】

1. 幼儿掷骰子，掷到数字是几（如掷到的是数字 6），就在记录纸的分合号的上方写上相应的数字“6”。

2. 幼儿在底图里面摆花片，每次要分得不一样，看看有几种不同的分法，把结果记录在记录表上。

【指导建议】

1. 正反两色花片可以用其他两色花片、黑白围棋等代替。

2. 格子底图可以多样，让孩子们自由选择，横竖两种摆放均可。

8. 找位置

【预期目标】

1. 能综合行、列及标志等信息，找到物品的相应位置。

2. 进一步理解序数的二维判定，能用序数词表述物体的正确位置。

【材料投放】

玩法一材料：各种动物卡片、5＊5 的格子底图、动物格子底图、数字与动物标识卡片若干。

玩法二材料：花片若干、5＊5 的格子带有箭头的底图、花朵箭头标识卡片若干。

玩法三材料：5＊5 的格子游戏底图和记录卡片。

【参考玩法】

玩法一：幼儿随机抽取一张标识卡片，观察标识卡的动物和数字，想

一想放到哪个位置，并将花片放到具体的位置上。（如小兔住在第一列从下往上数的第三个位置上）

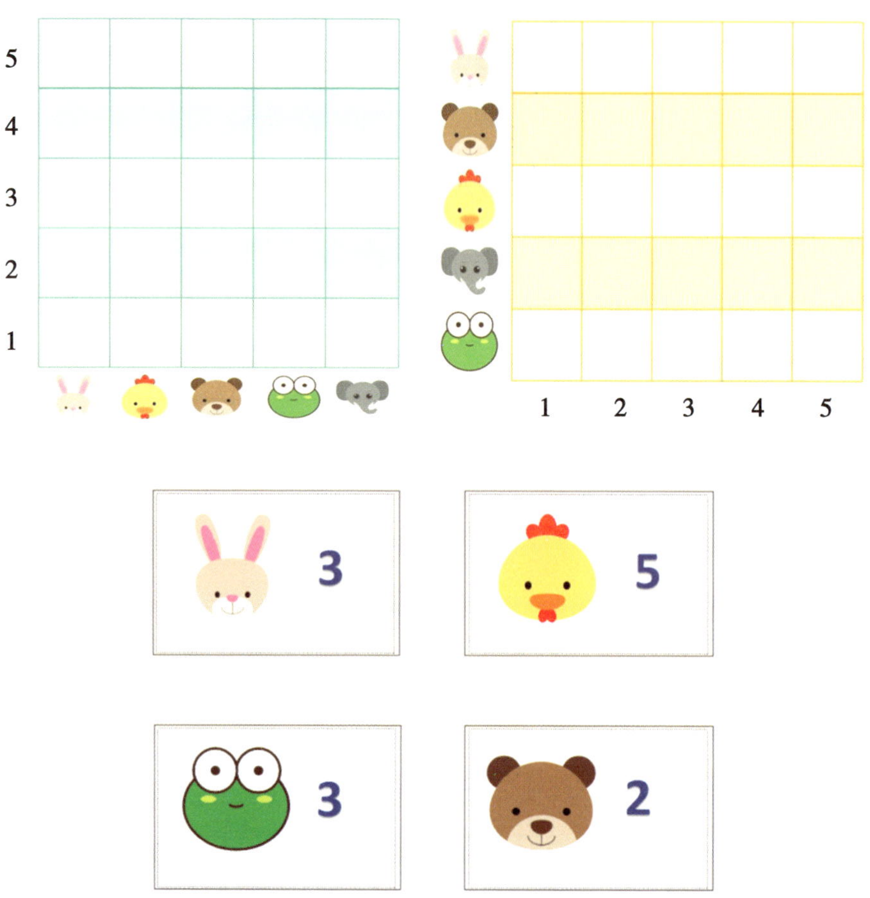

玩法二：幼儿随机抽取一张标识卡片，观察标识卡的箭号和数字，按照标识卡的指示，将花朵放在格子的具体位置上（如蓝色的花朵在从左往右数第二列，从下往上数第五排的位置）。

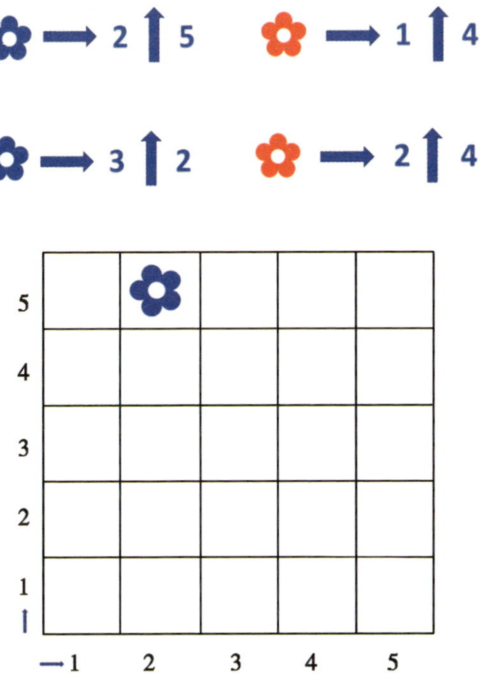

玩法三：幼儿观察任务图，从游戏底图中找出动物所在的房间，将房间号写在任务图的横线上。如在绵羊旁边的横线上写“303”。

【指导建议】

三个游戏活动难度不一样，前两个游戏可以同时投放，玩法二中格子边的数字可以删除，玩好三要引导幼儿观察任务卡上箭头的不同。

9. 比较轻重

【预设目标】

运用多种方法比较物体的轻重，并能正逆排序。

【材料投放】

1. 空矿泉水瓶 6 个（或者透明的瓶子），沙子、绿豆、布、小米、花生、玉米粒。

2. 茶叶罐 6 个（或者不透明的罐子、袋子）、沙子、小石子等。

3. 标有标志的摆放底板。

【参考玩法】

玩法一：6 个透明瓶里装了容量相等但重量不一的物品，幼儿轮流将瓶子分别放在两只手中掂一掂，感知哪个重哪个轻，然后将瓶子按照从重到轻或者从轻到重的顺序摆放在底板上，并请幼儿说一说，自己是按照什么顺序进行摆放的。

玩法二：6 个非透明罐里装有数量不等的沙子，幼儿轮流将罐子分别放在两只手中掂一掂，感知哪个重哪个轻，然后将罐子按照从重到轻或者从轻到重的顺序摆放在底板上，并请幼儿说一说，自己是按照什么顺序进行摆放的。

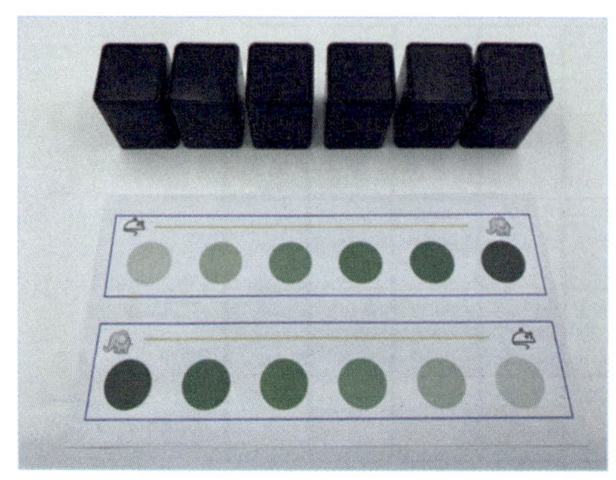

【指导建议】

1. 教师可以引导幼儿学习比较轻重的方法：

引导幼儿先找出 6 个瓶子中最轻和最重的，摆放在底板上 1 和 6 的位置，然后再在剩下的瓶子中找出最重和最轻的依次排列。或者引导幼儿先找出六个瓶子中最重的，摆放在底板上 1 的位置，然后在剩下的 5 个瓶中找出最重的放在底板上 2 的位置，以此类推。

2. 瓶子和罐子数量可以根据班级幼儿的情况进行增加或者减少。

3. 放入罐子中的物品重量差异要比较明显。

10. 趣味 9 宫格

【预期目标】

1. 学习 9 宫格中同色连串的玩法。

2. 感知物体上下、左右位置移动的空间关系。

3. 提升思维的灵活性。

【材料投放】

玩法一材料：9 宫格底图，两种颜色的棋子若干。

玩法二材料：3 种颜色 8 个花片（如：红色 3 个、绿色 3 个、蓝色 2 个），9 宫格底图。

玩法三材料：4 种颜色 13 个花片（如：红 3 个、黄 3 个、绿 3 个、蓝 4 个），16 宫格底图，操作提示卡。

【参考玩法】

玩法一：两名幼儿游戏，石头剪刀布，赢的先下，轮流放自己的棋子，谁将自己的三个棋子横排、纵排或斜排连在一起，谁就赢了。如果两人都没有赢，游戏重新开始。

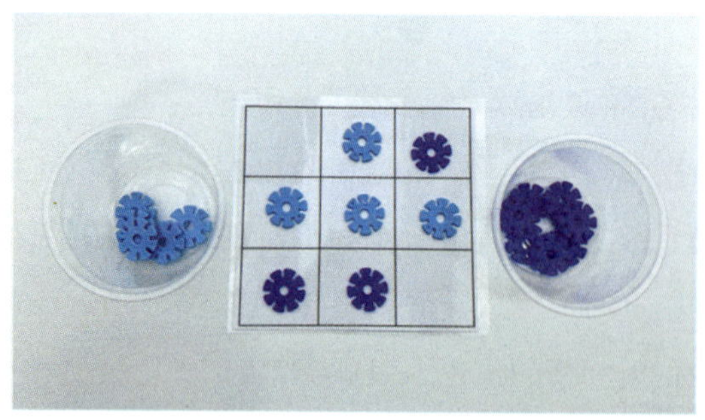

玩法二：幼儿将 8 片三种颜色的花片（红色 3 个、绿色 3 个、蓝色 2 个）随机摆放在 9 宫格上，通过上下、左右移动花片，使得横排或者纵排是一样的颜色，游戏成功。

玩法三：幼儿根据操作提示卡，将 4 种颜色 13 个花片（如：红色 3 个、黄色 3 个、绿色 3 个、蓝色 4 个）摆放在 16 宫格上，余有 3 个空格没有花片，通过上下、左右移动花片，使得横排或者纵排是一样的颜色，游戏成功。

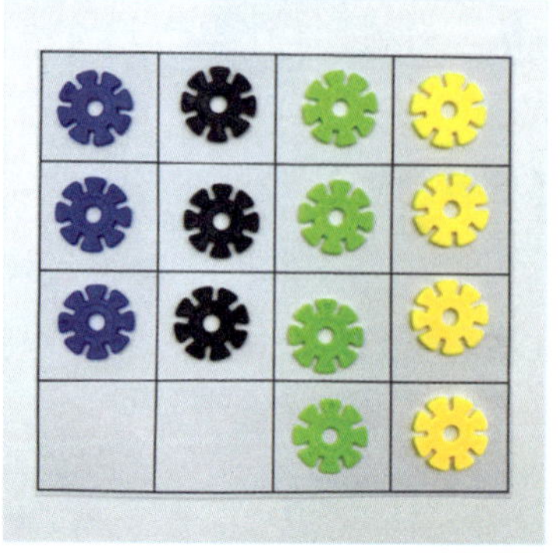

【指导建议】

1. 玩法一开始时，教师可以和幼儿先游戏，游戏过程引导幼儿耐心完成。

2. 玩法二游戏中，教师可以先设计操作卡，让幼儿先根据游戏操作卡摆放好花片后再进行游戏，教师要支持幼儿自主摆花片。

3. 玩法三的游戏材料操作提示卡可以根据幼儿的游戏情况，逐步增加难度或者让幼儿自选。两人游戏时，可以有三个等级：一星操作卡片空白格子为 3 个；二星操作提示卡片空白格子为 2 个；三星操作卡片空白格子为 1 个。

11. 火车票

【预期目标】

1. 进一步理解序数的含义，学会用“第一”“第二”等序数词表示 5 以内物体的排列次序。

2. 能进一步区分基数和序数。

3. 学会从一个、两个和三个维度判定物体所处的位置。

【材料投放】

玩法一材料：火车头、5 节车厢、10 以内的物体数量卡片若干、标识卡片若干。

玩法二、三材料：火车头、有画横线的 5 节车厢、火车票底图、数字卡片、水彩笔、动物卡片。

【参考玩法】

玩法一：幼儿按照车厢上的数字标识，将车厢按照第一节、第二节……的顺序串在一起。随机抽取标识卡，根据标识卡的指示将对应数量的物体放在相应的车厢里。（如凡是卡片里数量是 3 的物体，全部放到第五

节车厢）

玩法二：拼摆好火车的车厢，将数字卡片放在火车票底图的白线上，说一说车票的座位，如在第一节车厢第三排的第五个位置上，并选择一个小动物摆放到相应的位置上。

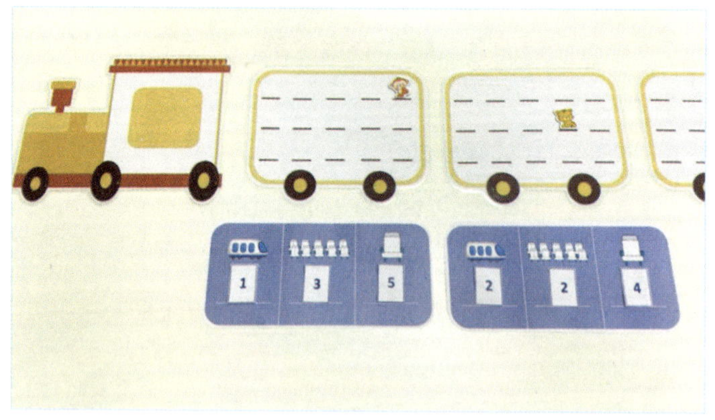

玩法三：拼摆好火车的车厢，选择一个动物随意放在位置上，幼儿在火车票的底图上写上动物在第几节车厢、第几排、第几个位置的数字，一张火车票就制作完成了。

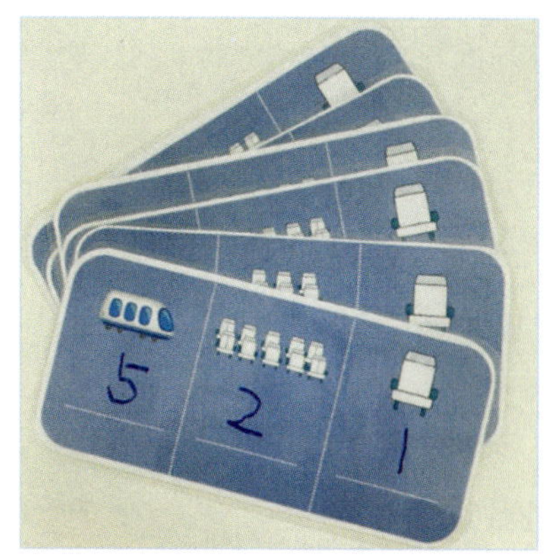

【指导建议】

1. 可以在火车车厢上贴上数字，也可以不贴。

2. 教师要引导幼儿主动表述具体的位置。

3. 游戏二和游戏三都是进行三维判定，教师可以引导幼儿先玩 5 以内序数的二维判定（如在第二节车厢的第三位置），再玩三维判定。

12. 环形计数

【预期目标】

1. 巩固环形计数的方法，做到不重复数、不漏数。

2. 能用不同的方法确定计数的起点。

【材料投放】

各种环形物品卡片、记录卡、连环扣、玉米粒、塑料小刀。

【参考玩法】

玩法一：幼儿点数卡片上的物品，点数过程中可以采用不同的方法确定计数的起点或者记号，将点数后的数量写在记录卡下方的框格里。

玩法二：幼儿随机将连环扣扣在一起后，点数连环扣的数量。点数过程中可以采用不同的方法确定计数的起点，将数量相同的连环扣放在一起。

玩法三：幼儿用塑料小刀切断玉米，用不同的方法点数切断后一圈玉米的数量。

【指导建议】

提供给幼儿点数的环形物品数量最好要 5 个以上。提供笔、夹子、回形针等辅助材料让幼儿给物品做起点的记号。

13. 图形统计

【预期目标】

1. 用不同的方式统计图形的数量。
2. 感知统计在生活中的应用。

【材料投放】

图形组合图、三种形式的统计记录纸、彩色笔。

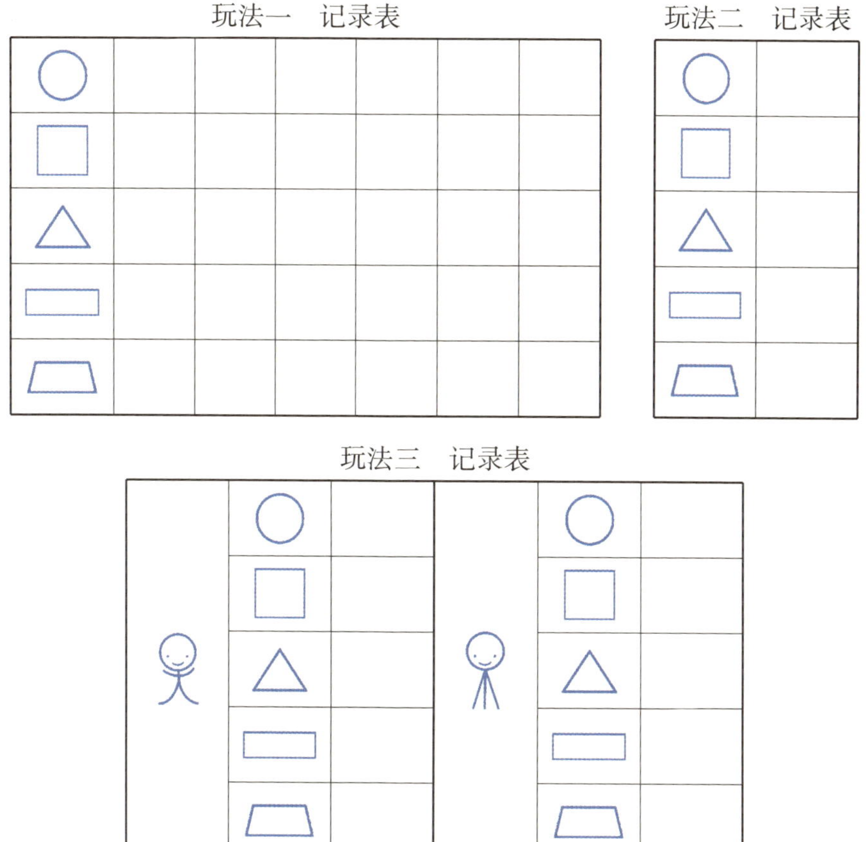

【参考玩法】

玩法一：幼儿点数图形组合图中图形的数量，用彩色笔在框格里涂上自己喜欢的颜色。涂完后说一说图形有几个。

玩法二：幼儿点数图形组合图中图形的数量，将数字写在记录纸的右边框里，并用相应的数量拼出不一样的图形。

玩法三：幼儿点数图形组合图中大小不同图形的数量，并在记录纸上写上相应的数字，然后根据数量选择图形卡片进行创意拼图。

【指导建议】

玩法一让幼儿初步感知柱状体的记录方式，不用涂颜色也可以用物品来替代。玩法三也可以设计灵活一些，除了大小图形特征设计记录卡，还可以用颜色特征或者同一个图形的不同特征（直角梯形与等腰梯形）等来设计记录卡。

14. 魔法空间

【预期目标】

1. 初步感知立体图形中被遮挡的空间关系，点数积木个数并进行拼搭。

2. 学习点数方法，在游戏中学会主动思考。

【活动材料】

红色正方体、黄色三棱体两种积木，任务单，记录纸，笔等。

【参考玩法】

1. 幼儿任意取一张任务卡，观察正方体和三棱体的数量，进行点数，在记录纸眼睛图案下方的格子上填写上积木个数（如：正方体 5 个，三棱体 3 个）。

2. 根据任务卡搭建图形，搭建好后并进行点数，将积木个数写在记录纸手型的下方格子里，确认两次点数的积木个数是否一致，如果不一致，尝试找出原因。

【活动建议】

活动中，教师可以引导幼儿用自己点数的数量搭建图形，要引导幼儿观察搭建后的图形是否与任务卡上的图形是一致的。支持幼儿拆开作品进行点数，寻找错误的原因，同时要引导幼儿掌握点数的策略，先数什么后数什么。

大班上学期数学区活动案例

1. 单双数

【预期目标】

1. 进一步巩固对单双数的认识。
2. 能书写数字。
3. 感知单双数在生活中的应用。

【材料投放】

玩法一材料：10宫格底图、花片若干、1～10的数字卡片。

玩法二材料：车牌号码底图、笔、骰子（1个圆点和两个圆点）。

【参考玩法】

玩法一：摆出单双数。选择数字卡片放在底图的三角形上，将花片按照数量进行摆放。进一步巩固对单双数的认识。

玩法二：设计车牌号码。设计 5 位数的车牌号码，幼儿掷骰子，根据骰子的圆点数量，1 个点设计其尾数是单数的车牌号码，2 个点设计其尾数是双数的车牌号码，一共 5 位数，将设计出的车牌号码写在底图上。

【指导建议】

车牌号码的组成有数字或者字母，鼓励幼儿自由设计，但是尾数要按要求写。

2. 二维分类

【预期目标】

1. 能按物体的两个特征进行分类，并记录分类标准。
2. 能正确表述自己的分类理由。
3. 能认真观察比较，养成良好的操作习惯。

【材料投放】

材料一：颜色与大小、不同的花片若干，分类标志卡片，分类盒。

材料二：两种大小、两种颜色、有或无眼睛的小球若干、标志一底图。

分类标志卡片

【参考玩法】

玩法一：将标志卡片插在分类盒上方，根据标志的两个特征，对花片进行匹配，如将黄色、小的花片放在同一个盒子里。

玩法二：对花片进行分类，自由组合两个特征的分类标志，将其插在分类盒上，并说出分类的理由。

玩法三：观察球的特征，进行分类，在标志底图上画上自己设计的标志（如大的有眼睛的球），插在分类盒上，并说出分类的理由。

【指导建议】

游戏过程要引导幼儿说出分类的理由。

3. 扑克游戏

【预期目标】

1. 进一步学习 10 以内数的分解组成。

2. 能利用扑克开展简单的加减运算。

【材料投放】

背面有绒贴（可以直接粘在绒布上）的扑克（10 以内）、绒布底板、大小标志卡片、单双数标志卡片、3 宫格底图。

【参考玩法】

玩法一：分解与组成。

幼儿随机抽取一张扑克放在方框里，根据数字，摆出数的分解组成，并说出数的分解组成。

玩法二：正数和倒数。

幼儿随机抽取一张扑克，按照扑克上的数字由小到大进行排序摆放，或者由大到小进行摆放。

玩法三：单双数排队。

1. 根据扑克上的数字进行单数或者双数的顺序排队。

2. 排好队后说一说，哪些数是单数，哪些数是双数。

3. 可以两人比赛，看谁排得快。

玩法四：找邻居。

两名幼儿游戏，一名幼儿随机取出一张扑克，放在 3 宫格底图的中间位置，另一名幼儿快速找出这个数的相邻数。摆放正确者直接收牌，并且出下一轮的牌；如果摆放错误，就由对方收牌和出牌。游戏反复进行。

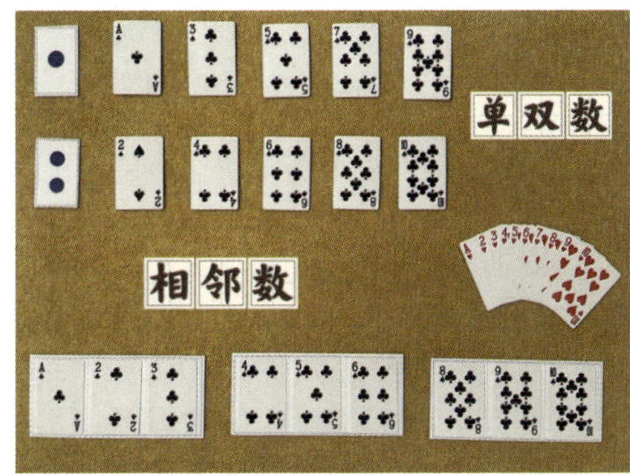

【指导建议】

1. 扑克牌的玩法灵活多样，可以让幼儿自行设计一定的玩法与规则。

2. 玩法四中，可以引导幼儿将扑克摆在任意的格子位置，再进行寻找相邻数的游戏，也可以单人游戏。

4. 比较宽窄

【预期目标】

1. 区分物体的宽窄，能将 7 以内数量的物体进行宽窄正逆排序。
2. 能用重叠、测量等方法比较物体的宽窄。
3. 进一步感知宽窄的相对性。

【材料投放】

不同宽窄的积木、卡片、尺子等（数量 7），排序提示卡。

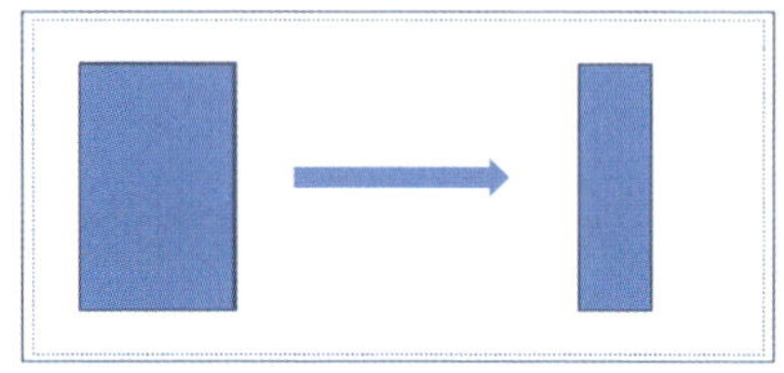

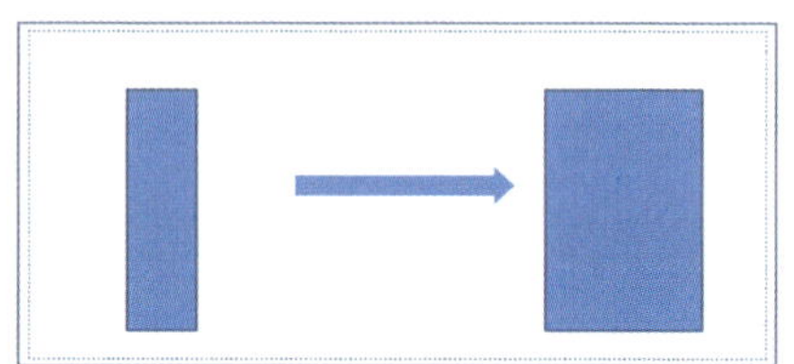

【参考玩法】

玩法一：根据提供的积木、卡片、尺子，比一比谁宽谁窄，然后根据排序提示卡进行正逆排序。

玩法二：提供记录纸让幼儿在幼儿园周围寻找物品，比一比谁宽谁窄，并进行简单的记录。

【指导建议】

根据幼儿操作情况，教师可以先提供平面的图形让幼儿比较宽窄，再逐步换成立体图形比较宽窄。比较物体的数量也可以由少变多，逐步递增。

5. 按群数数

【预期目标】

1. 运用群数的方法，能准确、快速地清点物品的数量并验证。

2. 愿意表述按群数数的方法。

【材料投放】

玩法一材料：操作底板、大花片、小猫玩偶、小积木等若干、小棍子、记录纸（正面是标识和横线，幼儿在横向上记录数字，反面是答案，供幼儿验证）、游戏卡（正面是标识和问号，反面是答案）。

玩法二材料：大小花片一箱。

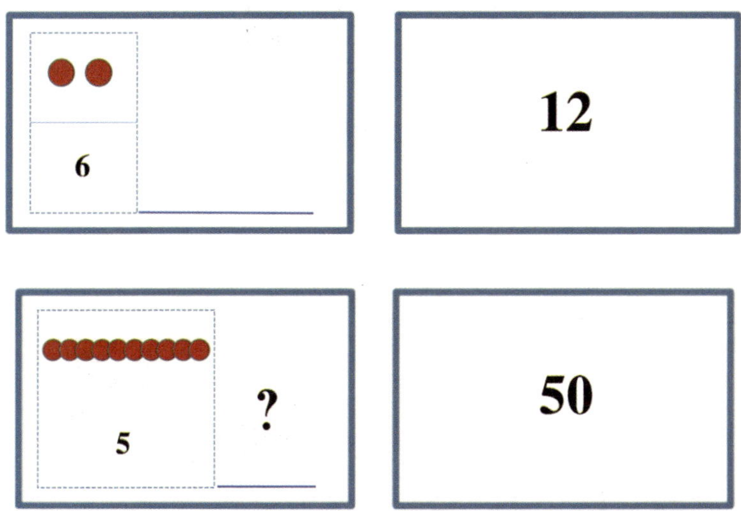

记录纸正反面

【参考玩法】

玩法一：幼儿抽取一张记录纸，根据记录纸上的标识指示，如“2 个 2 个数，数 6 次，一共是多少?”用手取数或者用棍子拨数花片、动物玩偶等物品的数量，并将数字填写在横线上，然后看记录纸的背面，核对答案。

玩法二：两人游戏。幼儿随机抽取一张游戏卡，各自根据游戏卡片上的标识指示，点数花片、动物玩偶等物品的数量，说出总数，然后看游戏卡背面，核对答案。准确并速度快者为胜，赢者得一张卡片，卡片多者为赢。

【指导建议】

1. 2 个 2 个数的物品总数一般控制在 20 以内，10 个 10 个数的物品总数一般控制在 100 以内。10 个 10 个数时，先引导幼儿将物品拼成 10 个或者串成 10 个。

2. 教师可以提供空卡片让幼儿自行设计游戏卡，商讨制订游戏规则。

3. 游戏中鼓励幼儿交流按群数数的方法，同伴之间相互学习。

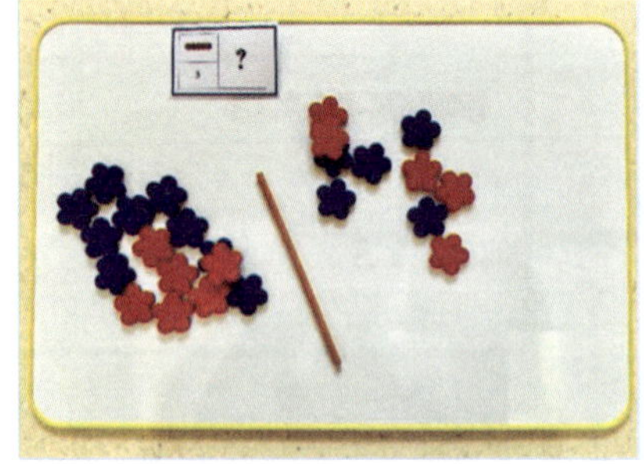

6. 听指令摆花片

【预期目标】

1. 进一步理解序数的二维判定，能用序数词表述物体的正确位置。

2. 能听懂同伴的表述并将花片摆在相应的位置上。

【材料投放】

玩法一材料：5 种颜色的花片，每色花片 2 个，格子的底板 2 张（A4 纸张设计，可以根据实际需要制作成 5＊5 的格子图，以下图例是 7＊5 的格子）。

玩法二材料：红蓝两色花片 20 片，每种颜色 10 片，骰子，格子的底板（A3 纸张设计），其他材料与玩法一相同。

【参考玩法】

玩法一：

1. 两名幼儿参与游戏。两人各自选择一张底板，面对面坐好。

2. 一名幼儿选择一张底板，选择 5 个颜色的花片随机摆放在底图上。摆放好后分别说出花片的具体位置，如“红花在第三排的第四个位置”。每说一个，对面的幼儿就摆出花朵的位置。

3. 游戏结束，两名幼儿将底板同一个方向摆放后，再核对是否摆放正确。

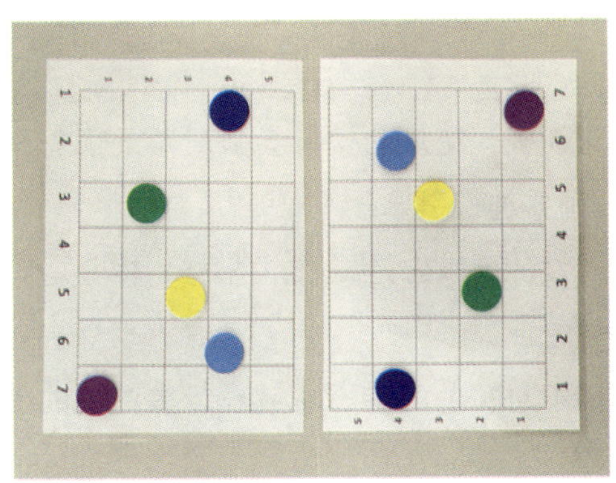

玩法二：

1. 两名幼儿参与游戏。面对面坐好，各选择不同颜色的花片及花片的数量。

2. 双方掷骰子比大小，赢的一方先将花片摆放在任意一格内，并用语言表述自己花片摆放的位置，如：第三排的第四个位置。另一方先倾听对方说的摆放位置，并将自己的花片摆放在相应位置。

3. 游戏重复进行，直至摆放完毕为止。

4. 两人将游戏结果进行核对，看看是否一样。

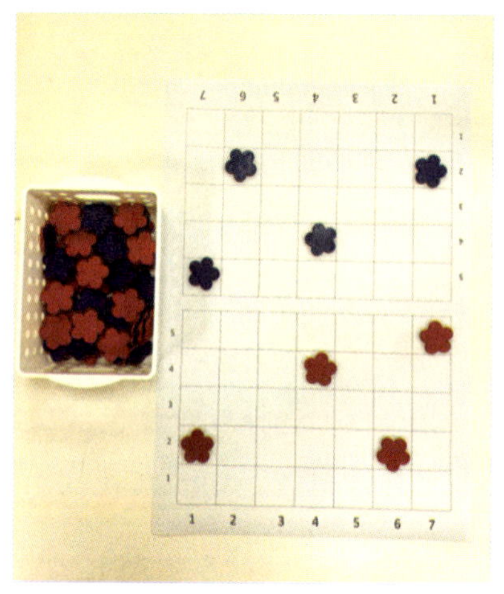

【指导建议】

1. 游戏初期教师在旁边进行观察指导，主要观察幼儿表述的位置是否准确。

2. 因为是面对面坐，花片的摆放会呈对角的现象。个别幼儿会觉得对方摆的错误，教师要进行引导。

3. 游戏的底图设计可以先是 5 * 5 的框格、接着是 7 * 5 框格，也可以尝试 10 * 10 框格。

4. 花片可以用不同颜色的宝石花胶粒、黑白色的围棋等代替，花片数量根据需要可增多。

7. 分解组成

【预期目标】

1. 进一步学习 10 以内数的分解组成。

2. 能灵活运用分一次记一次或者分一次记两次的方式进行记录，并用语言清楚地表述操作的过程和记录的结果。

【材料投放】

正反两色花片、10 格子底图。

【参考玩法】

1. 幼儿自主选择一定数量的花片，根据花色不同，把花片摆放在 10 格子底图上，记录数的分解组成。

2. 幼儿表述操作的过程和记录的结果。

【指导建议】

支持幼儿用不同的方式拿取花片，在翻转花片的过程中，也会出现不同的操作方式，幼儿在操作过程中会逐步发现最简便的方式，教师要引导幼儿表述操作的过程与结果。

8. 自然测量

【预期目标】

1. 能使用首尾相接的测量方法测量物品。
2. 进一步感受测量物品长短与测量结果之间的关系。
3. 喜欢探索多种测量方式。

【材料投放】

玩法一材料：记录纸、笔、用于测量的水彩笔、积木等物品。

玩法二材料：路线图、记录底图、笔、用于测量的积木或者小棍若干、格子尺等物品。

玩法三材料：测量记录底图、各种测量物品。

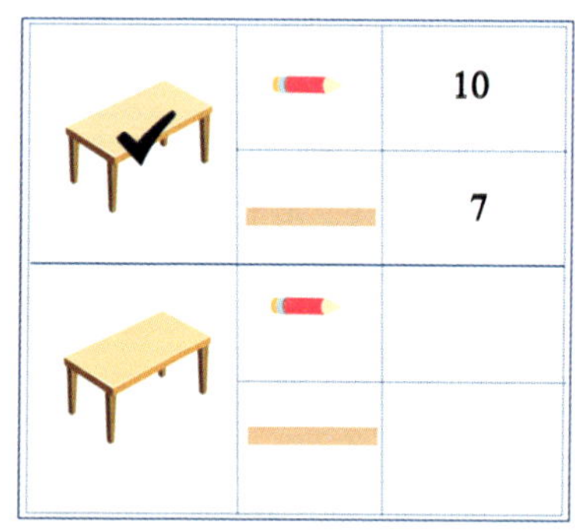

【参考玩法】

玩法一：幼儿选择一张记录纸，勾出需要测量桌子的位置，使用水彩笔或者积木采用首尾相接的测量方法测量桌子的长或者宽，测量结束，将测量的次数写在右侧的方框里。

玩法二：幼儿选择一张路线图，选择两种不同长短的积木，采用首尾相接的方式摆放在动物到房子的路上，数一数多少块，将结果记录在记录纸上。

玩法三：幼儿选择格子尺，测量动物回家的路线有几个格子，将数字直接写在路线上。

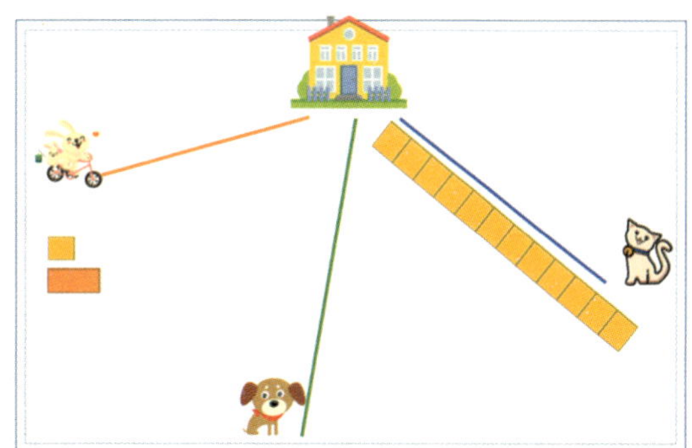

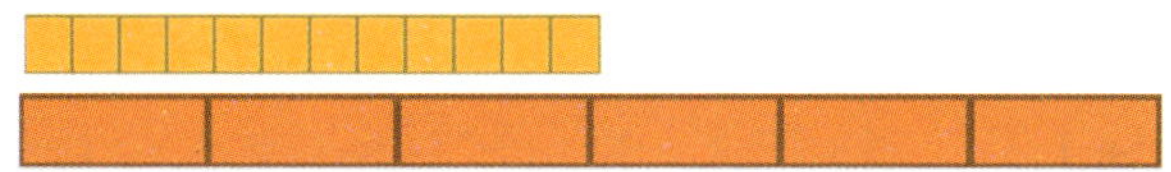

【指导建议】

当测量的物品不是刚刚好时，可以引导幼儿在数字后加上加号或减号，如“5+”或“5−”。玩法之中，也可以用格子尺测量其他物品，用下方的记录纸进行记录。

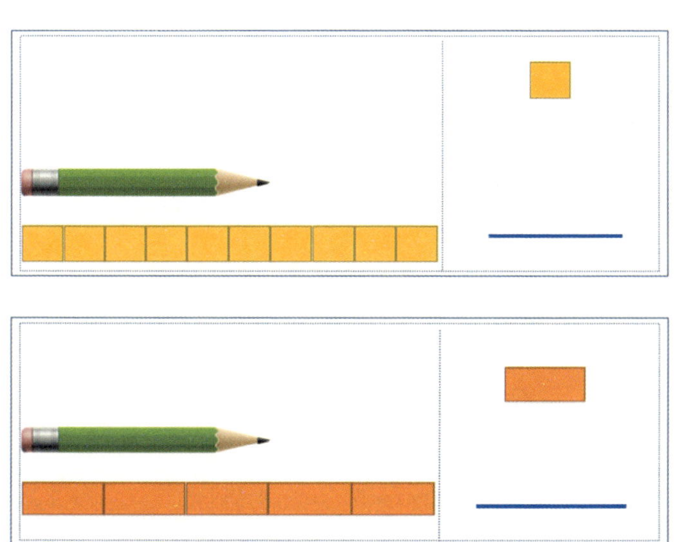

9. 方向游戏

【预期目标】

1. 进一步感知物体上下、左右移动的方向。

2. 能根据不同的起点移动位置。

【材料投放】

5＊5 格子游戏底图若干张（图中五种颜色胶粒在第一排起点的位置）、五种颜色的移动方向标识卡、五种颜色的胶粒。10＊10 格子游戏底图（中间有一个红色胶粒）、过塑的 5 格子图、笔等。

【参考玩法】

玩法一：幼儿选择一张方向标识卡，放在底图的上方，根据指示，从起点位置开始移动胶粒，移动到终点的位置。鼓励幼儿边移动胶粒边说"向上、向左、向左、向上、向右"或者"上、左、左、上、右"等词。

玩法二：幼儿观察 10＊10 格子游戏底图中红色胶粒的位置，自己拿一张过塑的 5 格子图，用箭头设计胶粒的移动方向，设计好方向后自行游戏，或者邀请朋友一起游戏。

【指导建议】

玩法一设计的方向标识卡合理性要老师控制。玩法二鼓励幼儿大胆设计物体的移动方向，如果遇到设计不合理的，鼓励幼儿调整合适的方向。5格子图需要过塑，这样可以多次使用或者供幼儿擦拭重画。

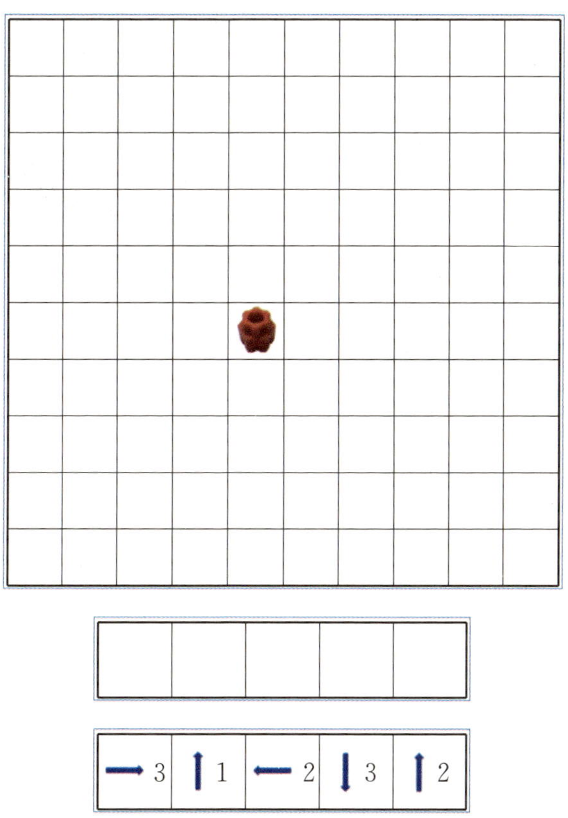

10. 年历

【预期目标】

1. 进一步感知月份、星期和日期之间的关系。
2. 喜欢记录，萌发写画意识。

【材料投放】

年历木质游戏材料一套，台历一份，游戏卡，记录纸，笔等。

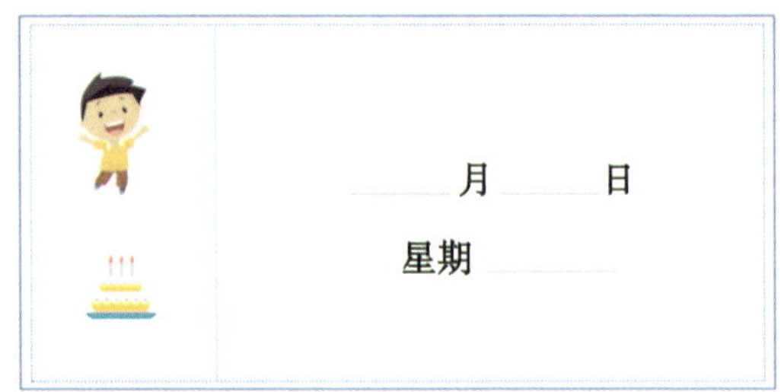

【参考玩法】

玩法一：在木质台历板的上面贴上月份的圆形木片，并根据提供的台历，找到相同月份，照样子摆出该月份的具体天数，说一说，这个月有多少天。

玩法二：根据教师提供的游戏卡上的情境，写出几月和几日，并在台历上找出某月某日是星期几，填写在卡片上。

玩法三：摆出本月的天数，并记录好天气、气温。然后在日记本上记录时间、天气、气温，开展简单的写画日记活动。

【指导建议】

不同玩法可以同步进行。

11. 按规律排序

【预期目标】

1. 能按照物体的颜色、大小或动作、声音等特征，进行 ABB、AABC 等规律的排序。

2. 欣赏生活中的不同规律，大胆尝试运用不同的方式创造和表现规律。

3. 分类收拾归放物品，养成良好的整理习惯。

【材料投放】

玩法一材料：提供各种规律的图片、笔、袜子或围巾底图。

玩法二材料：积木、花片等。

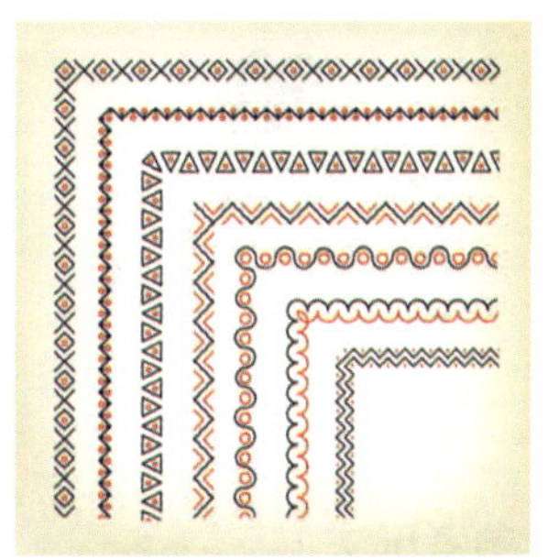

【参考玩法】

玩法一：设计花边。幼儿欣赏各种有规律的花边图片，发现其规律，并给袜子、围巾等设计自己喜欢的各种有规律的花边。

玩法二：趣味动作。幼儿根据提供的动作卡片，按照一定规律，将卡片摆放在底板上，并进行动作游戏。

【指导建议】

幼儿熟悉玩法二后，教师要鼓励幼儿自己设计动作卡片，动作可以多样，如拍手、拍肩、叉腰等。

在做动作时建议幼儿说出动作指令，如“拍手、拍手、拍肩”等，边说指令边做动作。

12. 我说你摆

【预期目标】

1. 进一步感知空间方位，能借助手势或者语言表述物体的空间位置。
2. 喜欢合作游戏。

【材料投放】

玩法一材料：胶粒造型游戏卡片。

玩法二材料：胶粒造型的游戏卡片若干、遮挡板。

【参考玩法】

玩法一：摆积木。两名幼儿游戏，抽取一张相同的胶粒造型游戏卡片，选择合适的胶粒拼摆卡片中胶粒的造型，速度快且摆放正确者赢。

玩法二：我说你摆。两名幼儿游戏，面对面坐好，中间隔一个挡板。一名幼儿抽取一张胶粒造型游戏卡片，能借助手势或者语言表述积木拼搭的空间位置，如：取四块黄色的积木摆在第一排，接着取两个正方形的积木摆在第二排……摆好后两名幼儿进行核对拼搭是否正确。

【指导建议】

1. 底图可以设计成星级卡片，由易到难供幼儿游戏。

2. 鼓励幼儿借助手势引导对方拼摆。

3. 核对正确与否时重点引导幼儿查找出现了什么错位，为什么？

13. 数字三子棋

【预期目标】

1. 巩固 10 以内加法运算。

2. 学习数字三子棋的玩法。

3. 喜欢参与数字三子棋活动，感受竞技游戏的乐趣。

【材料投放】

数字底板（底板数字随机安排），0～5 的数字骰子和 0～5 的圆点骰子各一套，黑白两色棋子若干，记录表 2 份，贴纸若干，笔 1 支。

【参考玩法】

两人游戏。游戏开始，先摆放好数字底板，双方各选一枚棋子。两人通过猜拳游戏决定谁先掷骰子。先掷骰子的幼儿根据两个骰子上面的圆点（数字）做加法，算出得数后，把自己的棋子放在底板的相应数字上。谁的 3 个棋子能横向、纵向、斜向任意一种方式连起来就为赢，赢的一方取出记录单和笔，写上自己的号数，再选一张贴纸贴在局数的下方。活动结束，看谁得的贴纸多，谁就获胜。

【指导建议】

1. 幼儿要有玩五子棋的游戏经验，了解五子棋的游戏规则。

2. 教师要根据幼儿的游戏情况，引导幼儿选择 0～5 的数字骰子或 0～5 的圆点骰子开展游戏。

3. 棋子可以用其他替代物，如小的两色花片、小的两色胶粒；数字底板可以做 8 * 8、9 * 9、10 * 10 的宫格。

14. 趣味拼搭

【预期目标】

1. 观察感知立体图形中被遮挡的部分的空间关系，点数积木个数并进行拼搭。

2. 学习点数策略，在游戏中学会主动思考。

3. 能大胆运用语言表述自己的点数过程。

【材料投放】

方形积木若干；二星到四星的星级挑战卡片、记录纸。

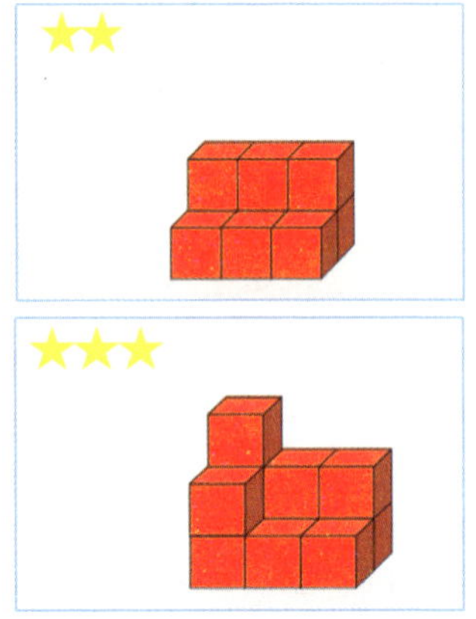

挑战卡

【参考玩法】

玩法一：观察星级挑战卡，数一数需要用多少块积木能够拼搭出图片中的造型，并将数量填写在左侧框格里。取相应数量的积木进行拼搭，拼搭完成后，验证拼搭的积木数量与记录表格中的数量是否一致，如果不一致，将正确的数量填写到右侧框格里。

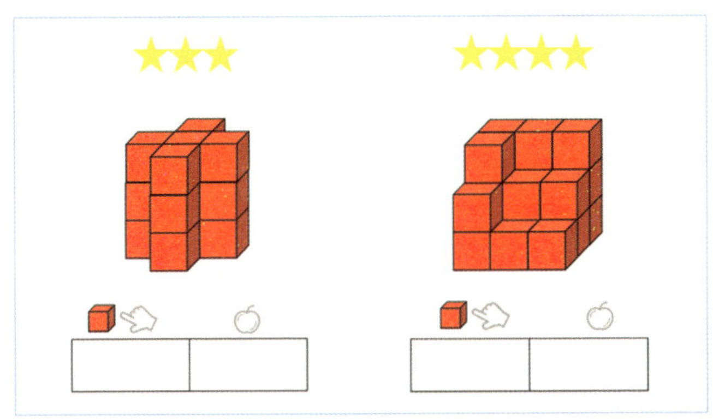

记录纸

玩法二：两名幼儿进行游戏，选择一张相同的卡片，各自数一数需要用多少块积木能够拼搭出图片中的造型，取相应数量（只能取一次）的积木进行拼搭，拼搭又对又快者为赢。

【指导建议】

1. 星级挑战卡片根据幼儿的实际情况提供。

2. 活动过程中需要教师引导幼儿学习点数策略，如逐层数、按列数、按排数。验证过程中引导幼儿按数的方法进行验证，即怎么数就怎么验证。

大班下学期数学区活动案例

1. 学习签到和记录

【预期目标】

1. 学习书写数字和名字，会记录自己上幼儿园的时间和游戏时间。
2. 感知 1 分钟能做的事情。
3. 养成上学不迟到的好习惯，懂得珍惜时间。

【材料投放】

材料一：时钟、铅笔、橡皮擦、记录纸。

材料二：定时钟、笔、记录纸。

【参考玩法】

玩法一：幼儿入园时到班级门口布置的签到区签到，根据教师设计的表格，在自己的号数上写上自己的姓名，并在星期几的下方记录自己来园的时间。

玩法二：两人游戏，先将定时钟清零，一名幼儿跳绳，另外一名幼儿计时，一分钟时间结束后，记录跳绳的次数，两人轮流游戏。

【指导建议】

1. 签到表格可以设计 4 张，避免幼儿入园时签到拥挤。

2. 在场景处设计有握笔姿势的图片、数字正确书写图片供幼儿参考。

3. 提供的时钟要两种，一种是电子时钟，一种是普通的有时针、分针、秒针的时钟。

2. 多角度分类与统计

【预期目标】

1. 按物品的不同特征进行多角度分类，记录分类标准并统计数量。

2. 能与同伴分享并正确表述自己的分类理由。

3. 发展思维的灵活性。

【材料投放】

不同大小、不同款式、不同颜色的发圈若干；不同粗细、不同颜色、不同包装的记号笔若干；记录纸、笔、盘子。

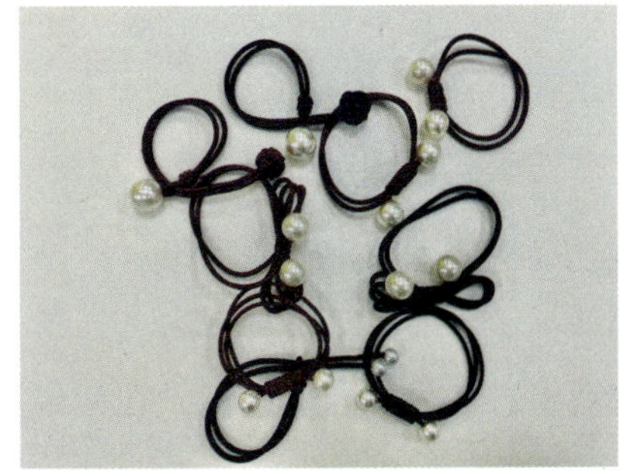

【参考玩法】

幼儿将物品按照某一特征进行分类，并在记录纸上进行记录分类标识和统计物品的数量，每分一次，记录一次，分类结束，说一说共有几种分法，物品的数量是多少。

【指导建议】

寻找生活的物品进行分类，如幼儿的衣服、鞋子、建构玩具等，并引导幼儿进行物品整理。

3. 层级分类

【预期目标】

1. 学习按照物品的不同特征进行层级分类。
2. 掌握记录表的使用方法，能正确记录分类结果。

【材料投放】

分类柜、各种袜子（成人和儿童的袜子、长袜子、短袜、白色袜子、图案袜子等）、记录簿、笔。

【参考玩法】

按照袜子的不同特征进行逐级分类。如：第一级分出成人的袜子和儿童的袜子，第二级再从成人（儿童）的袜子里分出白色和图案的袜子。分好后将自己分类的标志记录在记录表中，请幼儿说一说是怎么分的，每一层级的分类标准。

【指导建议】

1. 提供的材料支持幼儿由第一级分类到第二级分类就可以了，幼儿有兴趣可以继续分，如白色的袜子又可以分为袜头有花边和没有花边，有图案的袜子也可以分为袜头有花边和没有花边。

2. 注意引导幼儿感知同级分类的标准是相同的，如第一级是按照年龄进行分类，第二级是按照颜色进行分类。

3. 也可以根据实际需要，引导幼儿对分出的袜子进行数量统计，直接将数字写在记录表方框里。

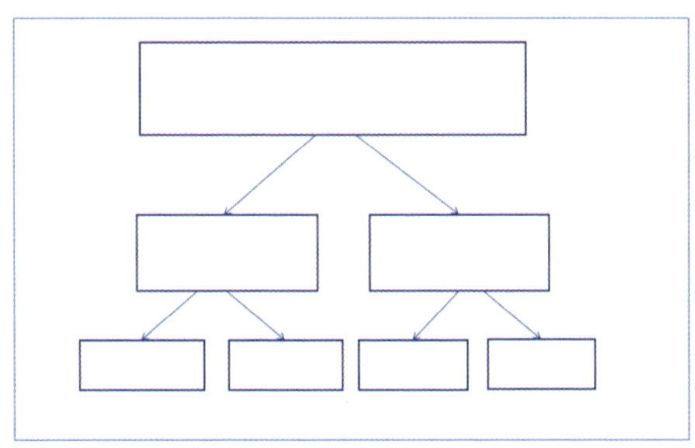

记录表

4. 动物的位置

【预期目标】

1. 感知物体空间方位，并能表述物体空间位置移动。

2. 乐于挑战，细心耐心地完成任务。

【材料投放】

游戏底图两种，游戏任务若干，蝴蝶、乌龟、小鸟、小猪、大象、猫等动物卡片。

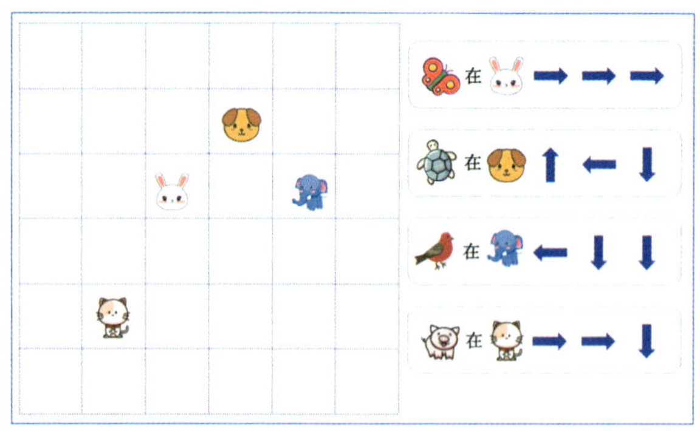

游戏操作底图 1

游戏操作底图 2

【参考玩法】

玩法一：幼儿选择游戏操作底图 1，选择任务条，根据任务条上指示的位置，找到蝴蝶、乌龟、小鸟、小猪的位置，并将他们摆放在框格里。如：蝴蝶的位置是在以小兔为起点，往右移动三个格子的方框里。摆放好后认真检查是否正确。

玩法二：幼儿选择游戏操作底图 2，将任务条按照顺序排好（每一条任务条上有序号），按照顺序完成每一条任务条上的指示，找到小狗、小象、小猪、小猫的位置，并将他们摆放在框格里。摆放好后认真检查操作的结果，看看是否正确。

玩法三：提供空白的操作底图让幼儿自己画任务，幼儿可以根据任务条上的指示进行操作游戏。如：以圆形为起点，让幼儿设计各种形状的位置任务条。

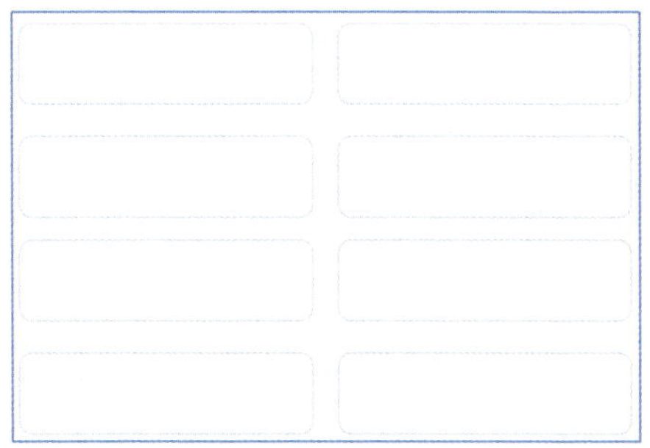

【指导建议】

第一种玩法，任务条是独立的，难度不大，幼儿完成后，教师要引导幼儿检查是否正确。第二种玩法，任务条之间存在关联，第一条的任务条如果操作有误，就会影响全部操作的结果。引导先根据任务条上的序号，摆放后任务条再操作，结束后，要幼儿细心、耐心检查。可以逐步增加游戏的难度：一是将任务条上的序号删除；二是任务条的难度可以逐步增加，主要是增加任务条的数量或增加任务条中动物移动格子的数量。熟悉玩法后，任务条的设计可以逐步交给幼儿，任务条中的动物可以用其他物品替代，如水果、昆虫、数字、形状等。

5. 整点与半点

【预期目标】

1. 进一步巩固对整点和半点的认识。
2. 能在表盘上添画出时针和分针。
3. 了解电子时间的书写方式，尝试根据场景写出时间。
4. 感知一日作息和时间的对应关系。

【材料投放】

玩法一材料：空白的时钟表盘若干，以数字形式记录的时间卡若干、画笔等。

玩法二材料：有 12 个面的骰子一个，每个面上分别写着数字（1～12）；表示整点、半点的分钟骰子一个；座钟一个。

玩法三材料：游戏棋底板、棋子、作息卡、时间卡、空白的时间卡底板、笔等。

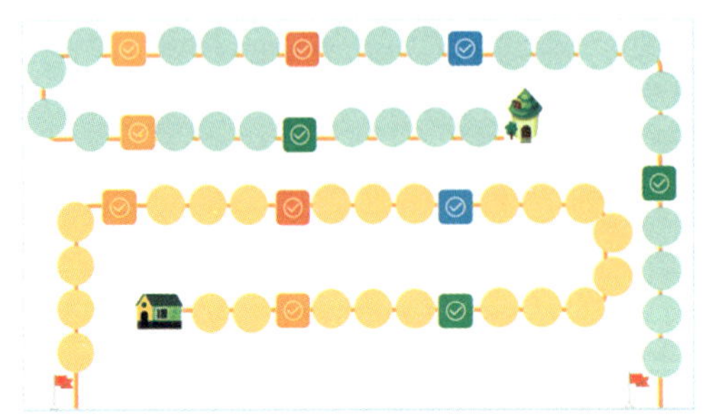

【参考玩法】

玩法一：幼儿观察时间卡上的数字，明确时间。根据时间卡上的时间，在空白时钟表盘的适当位置画好时针和分针。检查时针分针的位置是否正确。

玩法二：

1. 两名幼儿游戏，先取出十二面骰子、分钟骰子和座钟摆放好。

2. 两名幼儿以剪刀石头布的方式轮流掷骰子。

3. 一名幼儿投好 2 个骰子后，观察骰子上的数字，并说出相对应的时间（整点、半点），随后在座钟上拨出相应的时间。另一名幼儿检查是否正确。

玩法三：

1. 两名幼儿猜拳决定游戏的先后顺序。

2. 掷点子骰子行棋，走到有打√的卡片标志处，可抽取一张作息卡。

3. 观察作息卡上的场景，选择相对应的时间卡（或者在空白的时间卡上写上时间）粘贴在下方。

4. 先到达终点的幼儿获胜，游戏结束。

【指导建议】

1. 数字时钟可以直接购买现成的，方便幼儿拨时间。

2. 作息卡可以让幼儿围绕一日生活进行设计。

6. 自编加减法应用题

【预期目标】

1. 能根据不同的条件和生活场景自编 10 以内的加法或者减法应用题。

2. 进一步了解加法应用题的结构。

3. 感知数学与生活的关系。

【材料投放】

积木、花片；情境图；集合图；分合式。

加法情境图

减法情境图

减法集合图

【参考玩法】

玩法一：幼儿根据情境图、分合式等编（减）法应用题，教师倾听幼儿编题情况。

玩法二：两名幼儿进行编题，一个编，一个听，如果编对了，给对方一朵小红花。

【指导建议】

幼儿根据实物、图片、数字等进行编题时，主要是要倾听幼儿编题的情况，表述是否正确，是否理解了应用题的基本结构，也可以提供笔和纸张，让幼儿根据自己编的应用题列出算式。

7. 列式计算

【预期目标】

1. 学习看情境图、分合式、数字等列加法算式并计算结果。

2. 进一步理解加法算式表示的含义。

【材料投放】

玩具材料（积木、雪花片等）、记录纸、答案卡片；写有加法算式的汽车底图、车牌号码卡片；贴有数字和“+”号的转盘、记录纸、笔等。

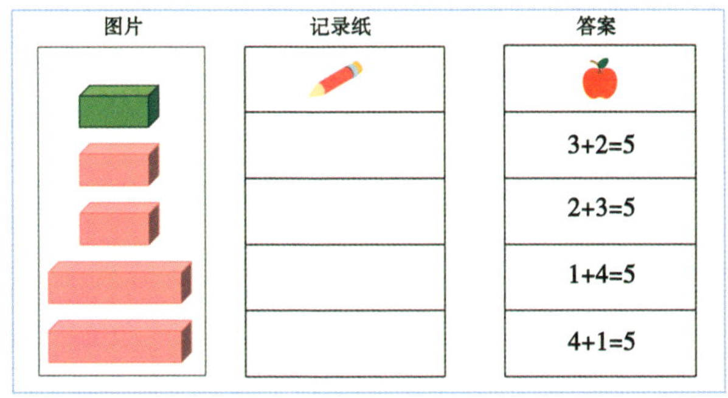

【材料投放】

玩法一：根据实物卡片编加法应用题并列式。花片（数量在 10 以内）和分类盒子，引导幼儿根据分类盒子中花片的数量自编加法应用题，然后在记录纸上列出算式并计算。

玩法二：看情境图列式。自选情景图，根据图意列式并计算（要运用加法交换律列出两个算式），完成后同伴之间相互检查或者核对答案。

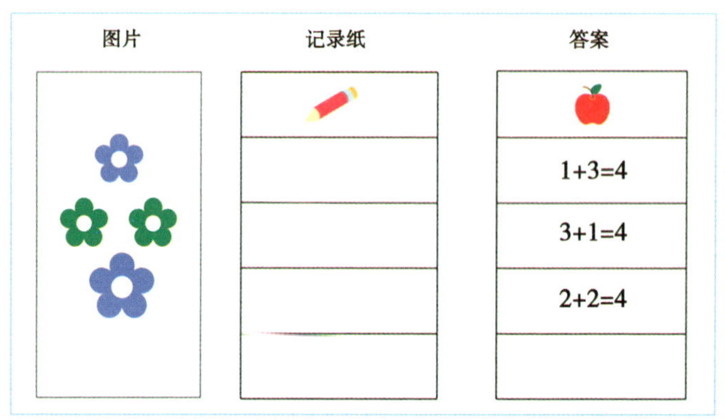

玩法三：根据算式填写车牌。按顺序计算出算式的得数并填写车牌号。翻转汽车卡片，背面有答案，幼儿自行核对车牌号码是否正确。

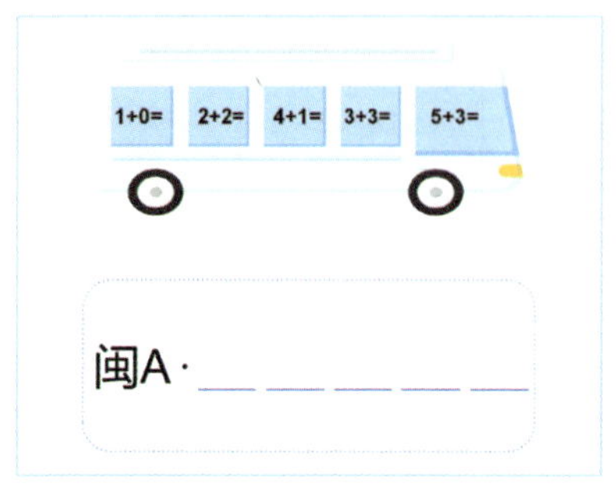

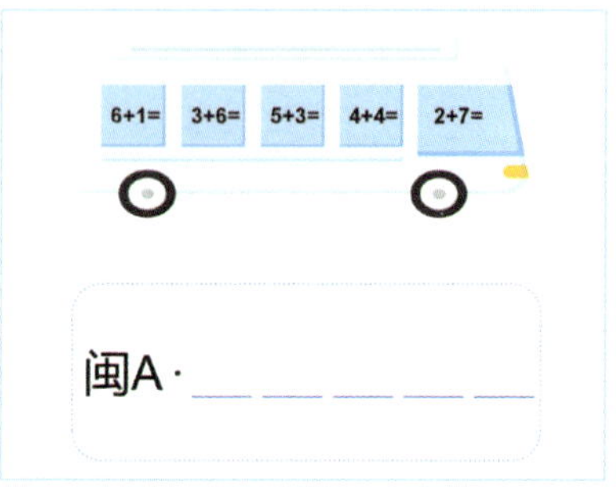

玩法四：幼儿先写分合式，根据分合式列出加法算式并计算。

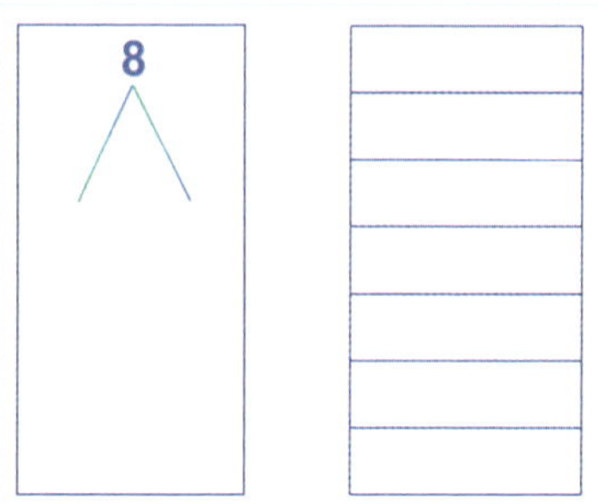

玩法五：转动转盘的里圈，让加号的指针朝向某一数字，列算式并计算。

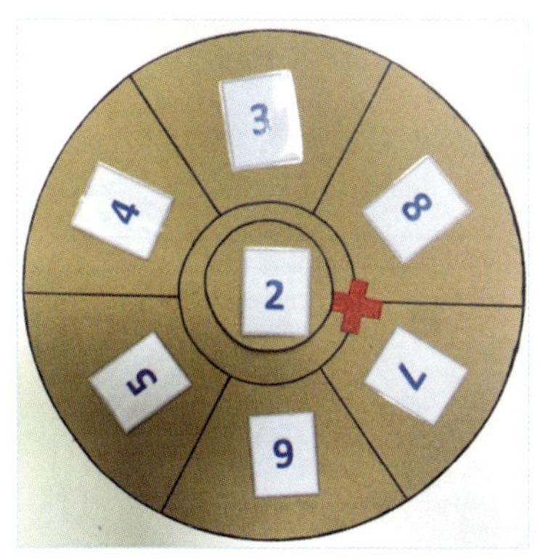

【指导建议】

1. 以上玩法材料可以同步投放，有答案设计的材料，要让幼儿自己学会核对，发现错误的地方学会订正。

2. 以上材料也可以设计减法算术题，或者两种混合进行游戏。

8. 平面变立体

【预期目标】

1. 巩固对正方体和长方体的认识。

2. 能细心、耐心地运用工具来制作正方体和长方体。

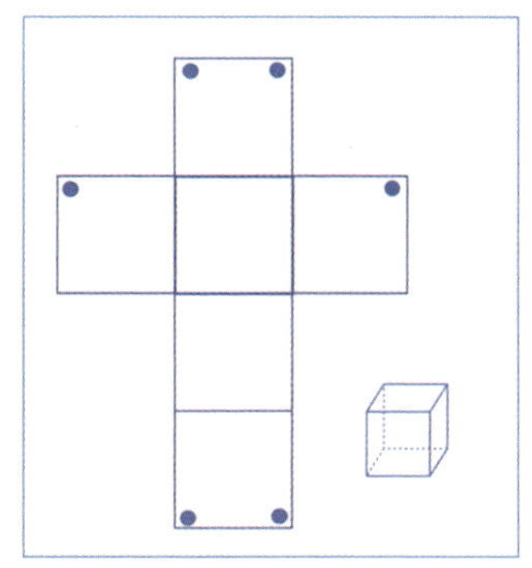

【材料投放】

玩法一材料：正方体六面的塑料组合片。

玩法二材料：长方体和正方体的底图（有洞眼或者半圆形涂抹区），绳子、打洞机、剪刀、固体胶。

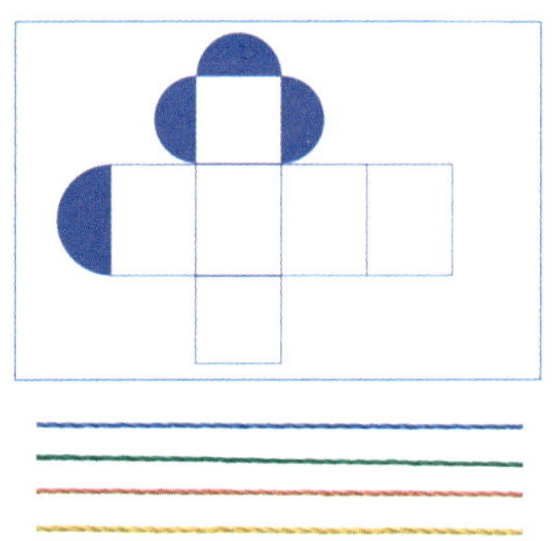

【参考玩法】

玩法一：将有数字的塑料片进行组合，拼出数字骰子，可以用于开展其他游戏。

玩法二：幼儿用剪刀剪出六个面的轮廓，用打洞机打出 6 个洞眼，沿边折出折痕，然后用绳子将洞眼穿好，轻轻一拉，变成一个正方体或者长方体。

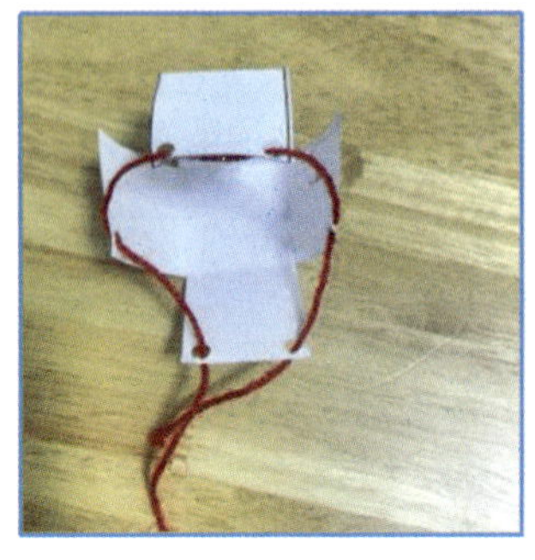

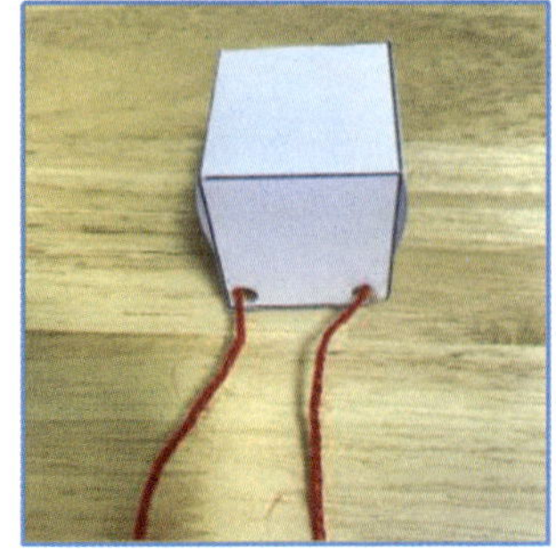

玩法三：幼儿用剪刀剪出六个面的轮廓，蓝色的弧形边要剪出来，在蓝色半圆形上涂抹固体胶，变成一个正方体或者长方体。

【指导建议】

玩法二提供的纸张可以稍微硬挺一些，指导幼儿剪纸时，要求剪出的图形边线相互吻合且平滑。穿绳子的方法鼓励幼儿探索。

9. 摆方块

【预期目标】

1. 感知物体空间方位，并能表述物体的空间位置。
2. 喜欢合作游戏，并能进行验证。

【材料投放】

游戏卡、游戏底图、有圆点数量的乐高。

【参考玩法】

玩法一：幼儿观察游戏底图乐高的位置、颜色和乐高上面的圆圈数量，选择正确的乐高积木摆在对应的位置上。

玩法二：两名幼儿游戏，一名幼儿随机抽取一张游戏卡片，表述游戏卡片中胶粒的摆放情况，如：取一个绿色有四个圆点的胶粒，放在第一排（从上往下数的第一排）的第二个位置（从左边往右边数）。游戏结束后，两名幼儿一起验证是否正确，如果有错误共同寻找原因，再次游戏。

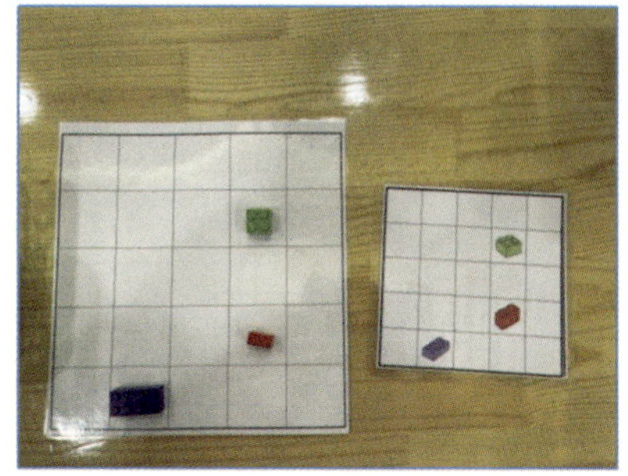

【游戏建议】

这个游戏开始时要老师陪同幼儿一起，或者在希沃上让幼儿通过观看交互的操作情况，理解游戏规则，掌握具体的玩法，学习表述方式后再开展游戏。

10. 递增递减规律排序

【预期目标】

1. 能按照递增、递减的排列规律排序并描述。
2. 灵活运用不同的方式创造和表现规律。
3. 能表述自己设计的规律。

【材料投放】

玩法一材料：不同颜色连环扣或者回形针。

玩法二材料：围巾、蝴蝶结、皮带、裙子等底图和彩笔。

玩法三材料：长短不一、形式多样的塑料砖块。

【参考玩法】

玩法一：幼儿能依据连环扣颜色、数量等特征，按照递增规律扣圆环，变成一条大项链。

玩法二：幼儿按照递增、递减的排列规律设计线条、图案装饰围巾、皮带、裙子等。

玩法三：幼儿自主设计围墙、道路等，要求按照递增、递减的排列规律进行平铺或者垒高。

【游戏建议】

递增递减模式的操作材料数量要充足，建议以幼儿园现有的游戏材料为主，如：建构材料、纸杯、花片等就特别合适。

11. 超级大赢家

【预期目标】

1. 理解游戏的玩法和规则，能与同伴共同合作游戏。
2. 能区分 10 以内基数和 10 以内序数，并能够正确点数。
3. 巩固 10 以内数的加减运算。

【材料投放】

玩法一材料：10 以内数字牌 12 张，码牌器，游戏币，装牌杯，骰子 1 个。

玩法二新增材料：1～10 数字牌 20 张，骰子 2 个。

玩法三新增材料：1～10 数字牌 40 张，骰子 3 个，其中 1 是 6 个面上只有数字 1 和 2 的骰子。

【参考玩法】

玩法一：

两人游戏。游戏开始时将数字牌背面朝上（数字朝下）摸牌，1 人摸 6 张牌依次插入面前的卡牌槽内。由锤子剪刀布决定谁掷骰子，幼儿根据掷出骰子上的点数从左到右数，取出相应的牌比大小，数字大的牌可将小牌吃掉（如：骰子如果是 6 就应从左向右数出第 6 张牌比大小）。出完一张牌将空余的位子向左推，向前靠拢。游戏依次进行，直到一方的数字牌被吃完，游戏结束。手中牌多者，可得一枚游戏币。游戏中如果掷出的点数大于实际牌数时，码牌器上的该位置无牌，应重新掷骰子。

玩法二：

数字牌由12张增加为20张，两位幼儿游戏，各自摸10张牌在自己的码牌器上。每次掷2个骰子，并数出2个骰子上的点数，根据点数来取出相应位置的数字牌。如：1个骰子掷出3，一个骰子掷出4，应该取出第7张牌。后续玩法与玩法一相同。

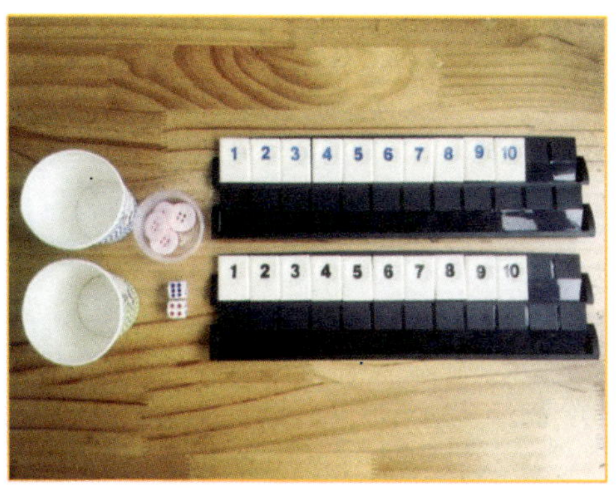

玩法三：

1. 每次掷3个骰子，根据面上只有数字1和2的骰子决定数是第1排还是第2排。

2. 还要数出2个骰子上的点数，根据点数取出相应序数。如：面上只有1和2的骰子掷出2，另2个骰子分别掷出2和6，应该取出第2排的第8张牌。

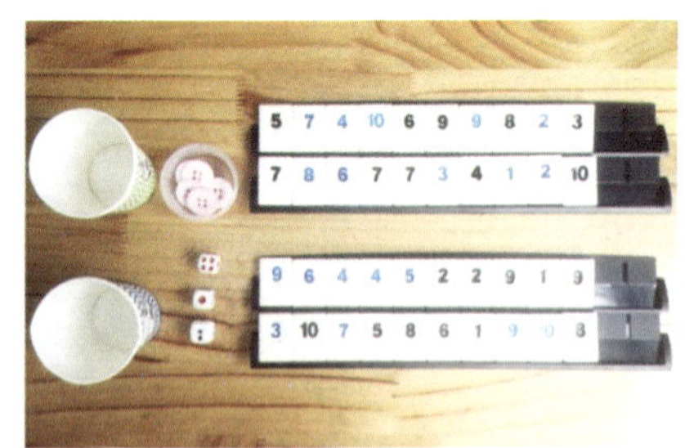

【指导建议】

1. 该游戏的开展要先让幼儿学会玩法一才能挑战下一级游戏，才能提升难度。

2. 要让幼儿充分理解游戏规则。

12. 四等分

【预期目标】

1. 能将图形分成四份，并说明四等分的方法。

2. 进一步感知二等分和四等分的关系。

3. 学习验证四等分。

【材料投放】

操作底板，正方形、三角形、圆形纸张卡片，剪刀，尺子，铅笔。

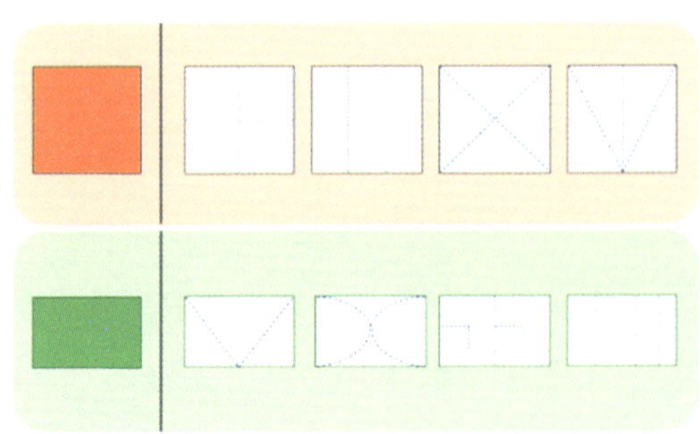

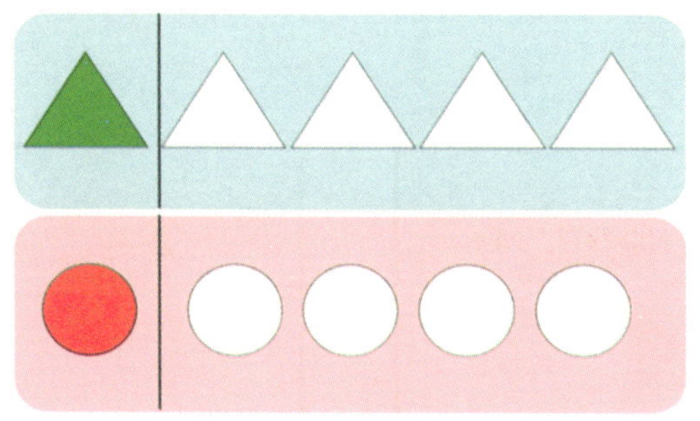

【参考玩法】

玩法一：幼儿根据操作底板上的指示图，用剪刀沿着虚线进行裁剪，剪好后验证是否是四等分，如果不是，请说明理由。

玩法二：幼儿在操作底板上自己用尺子和铅笔画出不同图形的四等分的方法，取一张纸按照自己的方法进行折叠，再用剪刀进行裁剪，剪好后验证是否是四等分。

【指导建议】

教师鼓励幼儿用组合的方法感知分开的每一份图形都比原图小。引导幼儿灵活运用翻转、旋转后再重叠的方法验证是否大小一样，是否等分。

13. 加减棋盘

【预期目标】

1. 巩固 10 以内加法运算。
2. 喜欢参与竞赛活动，有耐心，坚持完成任务。

【材料投放】

加减棋盘图片若干张、小动物玩偶、笔。

【参考玩法】

小动物玩偶从起始位置开始走，根据圆圈里的数字进行加减运算，将计算结果写在圆圈里，继续进行加减运算，算出答案后，验证结果，答案在图片背后。

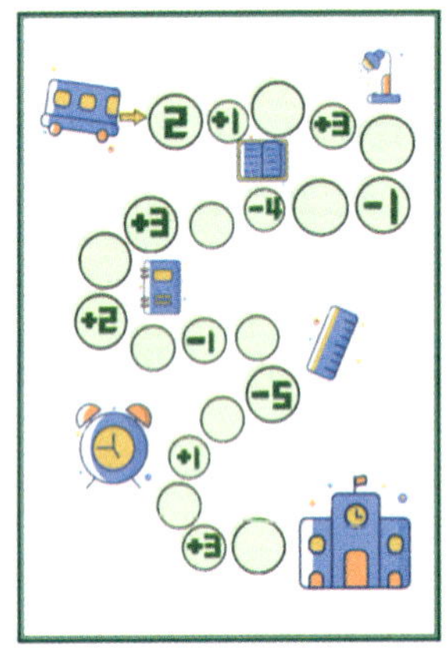

棋盘正面

棋盘背面

【指导建议】

1. 引导幼儿要细心进行计算。

2. 加减棋盘图的背面答案可以设计两种，一种只有一个数字，也就是最终的结果，另外一种是计算过程的得数，如果幼儿发现最终结果不对，可以逐步进行核对，寻找错误的地方。

棋盘正面

棋盘背面

14. 动物找家

【预期目标】

巩固10以内的加法运算。

【材料投放】

动物卡片、计算底图若干、房子底图。

【参考玩法】

玩法一：幼儿选择一张计算底图，根据算式算出结果，如“2＋4＝6”，匹配的动物是小猪，就要将小猪放在房子底图数字6的位置（第六层）。依次进行计算，直至所有的动物都找到自己的位置。

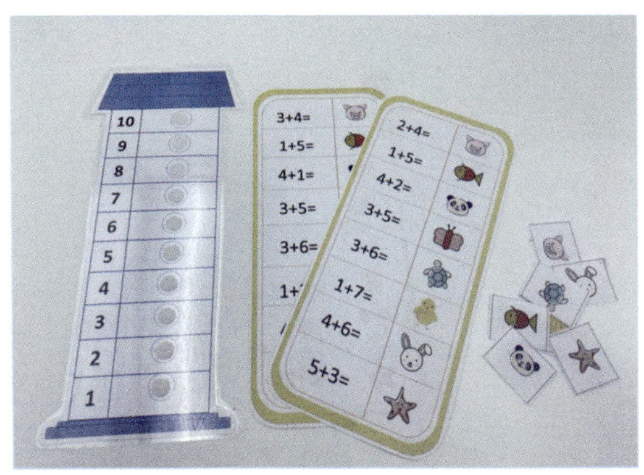

【指导建议】

计算底图可以是加法也可以是减法，计算底图左侧的算式也可以幼儿自己写再进行计算。

观察篇

本篇呈现的数学区活动观察案例主要有三种形式。

第一种为单个情境的数学区活动观察案例，主要包含活动的预期目标，活动材料的简单介绍，教师观察记录幼儿在数学区活动中的具体行为，并对幼儿的数学学习行为进行分析，再提出针对性的支持策略。撰写此类型案例还需要考虑数学区活动的形式，如果活动形式是两个幼儿合作或者竞赛型的游戏，教师要将参与游戏的幼儿全部纳入观察的范围。案例具体结构如下：

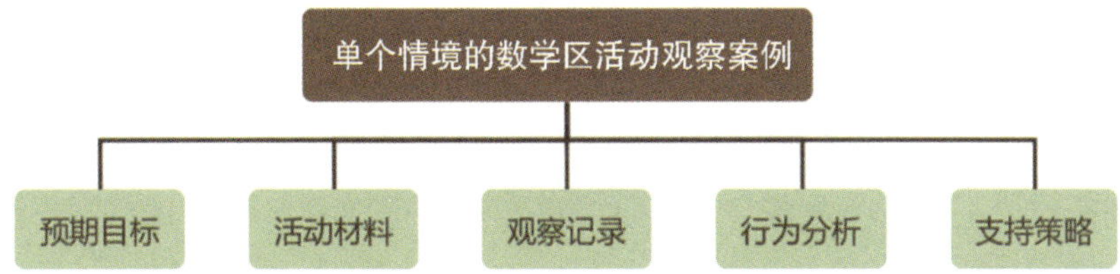

第二种为关注幼儿个体差异的数学区活动观察案例，此种形式主要考虑到幼儿数学学习存在个体差异性，同一数学区活动内容，不同的幼儿在操作过程中表现出了不同的学习方式、态度及速度等。因此，对不同幼儿行为进行观察与分析，能了解幼儿数学知识、技能等的不同发展水平，并根据实际情况，从材料调整、方法引导等方面提出支持策略。撰写此类型案例要注意的是观察的对象不同，但游戏材料是相同的，可以是多名幼儿同时玩此份材料，教师进行观察，也可以在不同的时间观察不同幼儿的活动情况，事后再记录幼儿的行为。此案例具体结构如下：

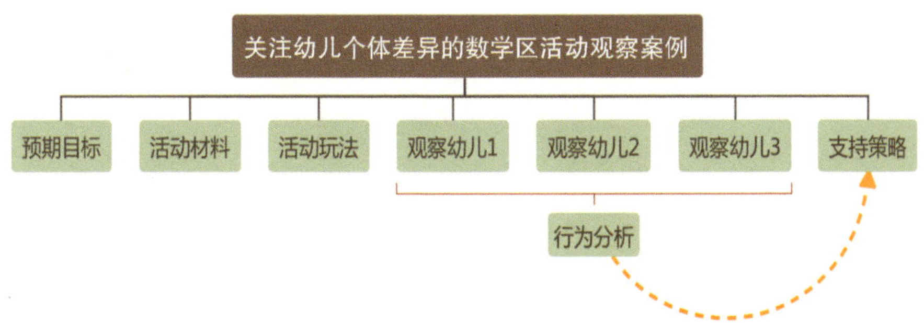

第三种为连续性的数学区活动观察案例，主要包含活动背景的简单阐述，不同阶段活动内容、活动准备、活动玩法的介绍。在活动的不同阶段，教师均对幼儿的数学学习行为进行观察与记录，在分析基础上，为活动的继续开展提出支持与回应的策略，教师还要根据需要调整活动目标、活动材料与指导策略等。撰写此类型案例会出现两种情况：第一种情况，观察一个或者多个幼儿，在对他们进行观察与分析后，提出的调整与支持策略仅是针对观察的幼儿，如“中班数学区观察案例：我的地盘”，就是围绕核桃和乔治两个小朋友观察与推进的案例。或者提出的调整与支持策略针对相同发展水平的幼儿，如“中班数学区观察案例：小动物回家”。第二种情况，先是观察班级部分幼儿的活动情况，再逐步了解全班幼儿的活动情况，进行行为分析后，提出调整策略，伴随着目标、材料、玩法等方面的调整，参与活动的幼儿也会发生变化，因此教师需要较为全面地了解班级幼儿的情况。如“大班数学区观察案例：超级大赢家”。案例具体结构如下：

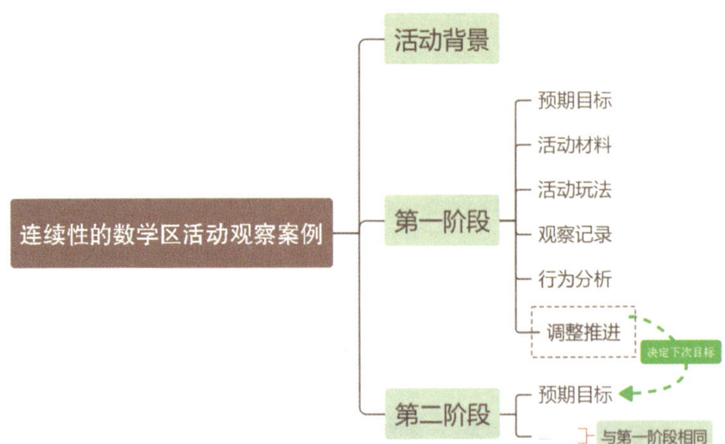

小班数学区观察案例：小卡片找家

【预期目标】

1. 能根据任务卡上的颜色（形状）与数量，投放相应的卡片。
2. 能手口一致地点数 5 以内的数，并按物（数）取物。

【活动材料】

任务卡，分类盒，不同颜色、形状的卡片。

分类盒

卡片

任务卡

【观察记录】

小泽拿到任务卡后看了一会儿说："蓝色的 1 个。"说完，他迅速从托盘里找到 1 个蓝色的圆形放在了分类盒的第一格里。然后，他边用手指点数，嘴里边小声地说："1、2、3。"说完，他边看着任务卡，边从托盘中分别拿出一个绿色的正方形、一个绿色的三角形和一个绿色的正方形，放进了分类盒的第二格。放完后，他迅速从托盘中拿出一个黄色的三角形放进了分类盒的第三格，然后，他才开始用手指点数，这次点数时他嘴里没有发出声音。点数完后，他从托盘里分别拿出一个黄色的三角形和一个黄色的圆形，一起放进了分类盒的第三格。放好后，他边看着任务卡，边迅速从托盘中拿出两个红色的正方形放进了分类盒的第四格。教师问他："黄色的需要几个?"他指着分类盒第三格说："1、2、3，一共 3 个，这里还有一个。"教师继续问他："任务卡上是几个?"他边用手指点着任务卡上的圆点边数："1、2、3、4，4 个。"点数完他立刻从托盘中拿出一个黄色的正方形放了进去。

小晞拿到任务卡，看了一会儿后，从托盘中分别拿出了一个蓝色圆形、一个绿色圆形和一个黄色圆形，并分别把三个圆形放在了任务卡代表数量的小圆点上。教师提醒道："这个任务卡上面是什么颜色?"小晞说："绿色。"教师继续问："那下面有几个圆点?"小晞答："3 个。"教师提示说："这就说明这个任务卡是需要 3 个绿色的图形。"听完，小晞将原先拿出来的黄色和蓝色的圆形都放回了托盘中，重新拿出了一个绿色的爱心形和一个绿色的三角形，一起放进了分类盒中。接着，小晞看了看任务卡，很快就从托盘中拿出 2 个红色的图形，但是她随机放进了分类盒中，在教师的提醒下她才重新放进与颜色对应的分类盒。3 个蓝色的图形小晞也很快找到，但是她又是随机放进一个空的分类盒中，仍然需要教师提示。在完成 5 个黄色图形的任务时，小晞看着任务卡上的圆点，将整个手掌盖在圆点上。教师问："这个任务是需要几个黄颜色的图形。"小晞将五指并拢，伸出手来说："这么多个。"回答完后，她踟蹰了一会儿，还是没有从托盘中拿出图形，结束了游戏。

【行为分析】

1. 小泽熟悉材料玩法，能看懂任务卡，并能不受形状的干扰，根据颜色和数量的要求拿取相应的卡片。小晞对游戏材料的玩法不够熟悉，需要教师的提醒和引导。

2. 小泽熟练掌握 3 以内数量的点数，他是用点数的方式按数（物）取物，并能知道 4 比 3 多 1。但是，4 的点数还不够熟练，容易出现错误。小晞熟悉 3 以内的数，她是用一一对应的方式进行按物取物，还没有掌握点数的方法。

【支持策略】

1. 给小泽提供更多数量为 4 的物品供他点数。

2. 给小晞提供更多 3 以内数量的游戏材料，并引导小晞掌握正确的点数方法。

（观察教师：李璐瑶　指导：孙彩霞）

中班数学区观察案例：拼数火柴棍

【预期目标】

1. 认真观察图片，能不受火柴排列形式的干扰，感知 8 以内物体的数量。
2. 提升目测点数能力，体验数量守恒的有趣现象。

【活动材料】

小火柴棍若干、数字卡、拼数火柴棍底图卡。

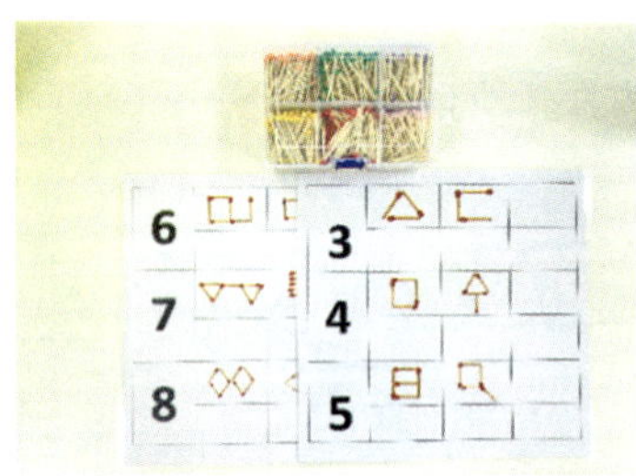

游戏一材料

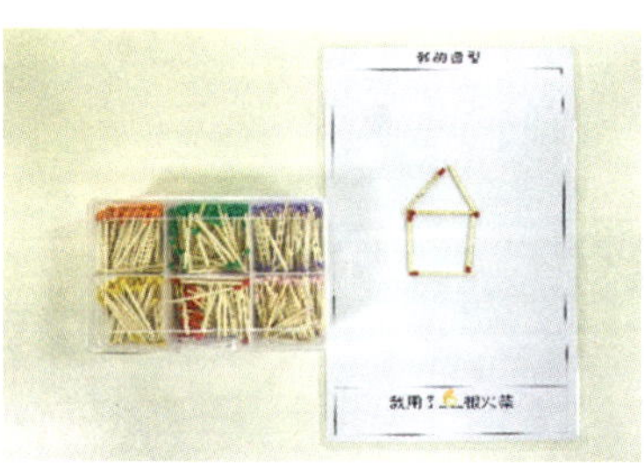

游戏二材料

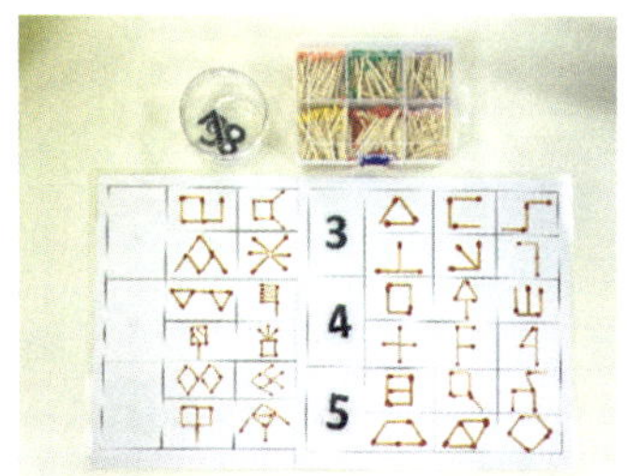

游戏三材料

【观察记录 1】

首次投放游戏材料，琰琰取了 3 根火柴，放到数字 3 对应的区域空格里开始摆造型，但是他不知道摆什么造型，犹豫了很久，教师见状说："什么样的造型都可以。"他听后便将火柴一根根排列摆在上面，边摆边说："这样呢?"得到老师肯定的答复后，便将 3 根火柴都摆好了。然后开始摆数字 4 根的火柴，教师问："这里应该用几根火柴?""4 根。"琰琰答得很快。之后的每个游戏格子，琰琰都能边说数量，边取边摆出相应数量的火柴造型。

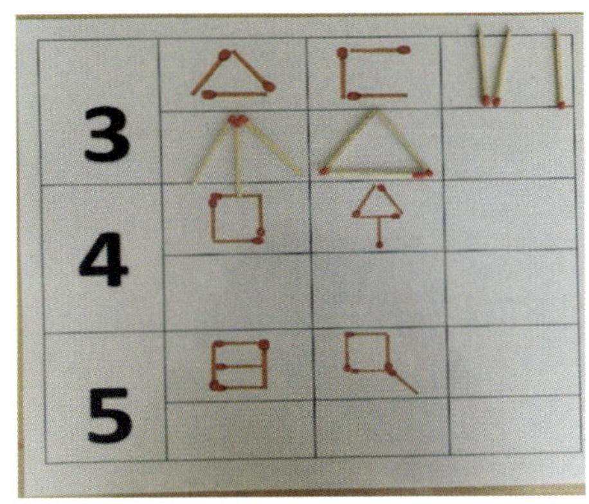

【行为分析】

从游戏中发现琰琰从一接触游戏材料就十分感兴趣，能很快融入其中。前期先读数，取完火柴后摆造型，后期边取边摆。在取正确数量的火柴上基本没有难度，但由于缺少拼摆造型的经验，拼摆火柴棍的造型比较单一。

【支持策略】

1. 教师引导幼儿多欣赏火柴造型的图片，丰富其相关经验。

2. 引导幼儿发现，同一数量的火柴棍可以拼摆出多种造型，鼓励幼儿大胆创造火柴造型，及时肯定其创作。

【观察记录 2】

琰琰自己拿火柴在空白图卡上进行创意拼摆。先取了 7 根火柴，摆出了一个造型，教师问："你用了几根火柴？"他回答："7 根啊，1234567。"点数了一下给我看。教师问："摆完了吗？"他说："没有，8、9……摆好了！"教师继续问："请你说说你用了几根火柴摆的？"琰琰说："我用了 9 根火柴。"

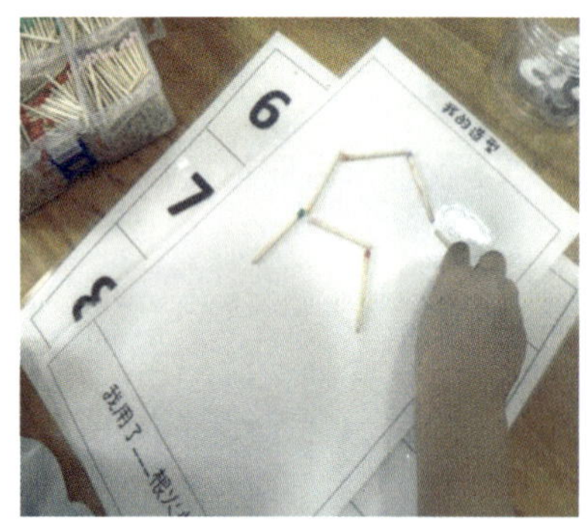

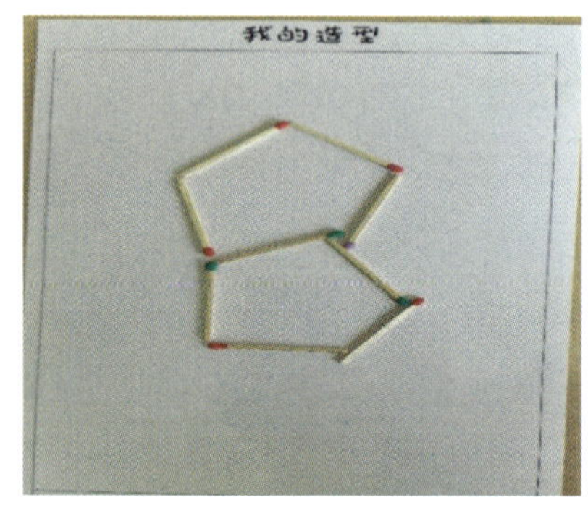

【行为分析】

在第二份游戏材料中，琰琰自主玩起了创意拼摆。在没有限制火柴数量的情况下，能在空白图卡上拼摆出自己喜欢的图案，灵活地进行创意拼摆，并能准确点数出用了几根火柴拼摆造型。

【支持策略】

1. 给予琰琰自主创作的空间，鼓励其创意拼摆，并将造型拍照分享给大家。

2. 引导琰琰大胆介绍拼摆的造型：如是什么动物或是什么场景，鼓励幼儿大胆表达，提高语言表达能力。

【观察记录 3】

游戏增加难度后，琰琰继续挑战。他随意挑出一个图案开始数，数出数量后便寻找数字卡贴上。在教师提示他，是否需要多数几个图案，再看看是不是都用了这么多根火柴后，他开始重新数，确认好数量贴上数字卡。这时碰到了复杂图案，琰琰点数出现不一致的情况，教师问："那到底是用了几根火柴呢？你再数数看。"琰琰用同样的方法进行点数，还是数错。这时教师引导琰琰可以把图案拆开，先数外面一圈的数量再数里面的。最后他用手指重新点数，直到完成。

【行为分析】

1. 琰琰遇到复杂的图案时，点数容易重复数或者漏数，导致找不到正确的数字卡。

2. 在教师的引导下，他能根据图案，有顺序地进行点数，贴上了正确的数字，挑战成功。

【支持策略】

1. 在游戏中发现幼儿点数出现漏数和重数时，除了引导幼儿有顺序地进行点数，还要引导幼儿学习做标记再点数。例如，点数时记住数火柴棍的起点位置，然后接着往下数，避免重复和遗漏。

2. 教师提醒幼儿进行核对、检查并写上数字。

（观察教师：林金芳　指导：孙彩霞）

中班数学区观察案例：小动物回家

刚升中班不久，发现班级大部分幼儿基本掌握了10以内的点数，但是在点数水平上有所差异。有些幼儿在点数时会遗漏、重复，出现漏数或多数的情况；有些幼儿对于7以上的数，需要多次反复点数；有些幼儿点数时基本没有点错，对于3以内的数还能通过目测的方法确定数量。为了增加幼儿点数的机会，让他们在多次游戏中提升点数能力，特设计“小动物回家”这份游戏材料。

第一次游戏

【预期目标】

能根据圆形图卡上的数字放置相应数量的小动物，按数取物。

【材料投放】

小动物若干；有不同数字的圆形图卡。

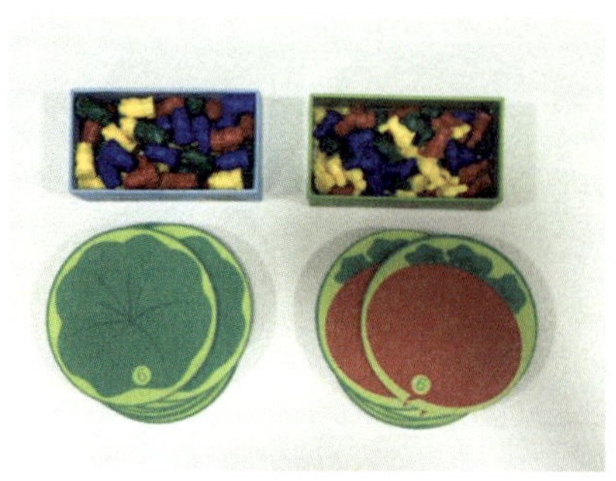

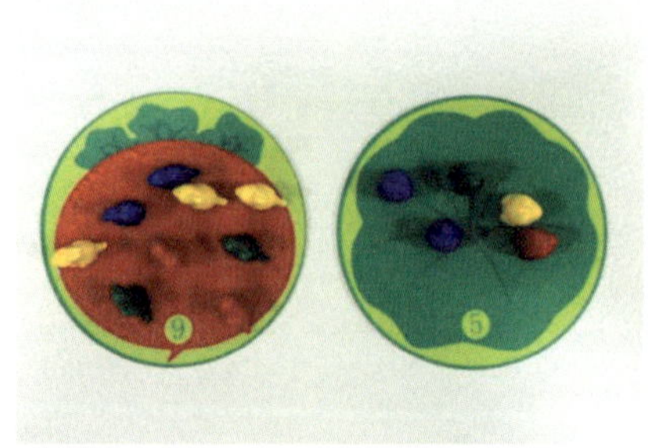

【预期游戏玩法】

1. 随机选取一张圆点图卡，确认圆形图卡上的数字。

2. 能根据图卡上的数字，点数出相应数量的小动物，并放置在圆形图卡上。

3. 圆形图卡都点数完以后，自行或请教师进行验证。

4. 换一张圆形图卡，重新游戏。

【观察记录 1】

小 A 随机拿起一张有数字 10 的圆形图卡，边大声地数“1、2、3……”边一只一只地从盒子中拿出小青蛙放在图卡上。数完 6，再拿第 7 只青蛙时，旁边的小 B 嘴里正在说：“9。”小 A 边放第 7 只小青蛙，嘴里也边说：“9。”放好以后，小 A 又从盒子里拿了一只小青蛙，说：“10。”都放好以后，小 A 用手口一致点数的方式，又重新数了一次，数出了 9。然后，她从盒子里再拿了一只青蛙，放好。小 A 重新拿了一张有数字 6 的圆形图卡，继续用边大声数数字，边一只一只放置小青蛙的方式继续游戏，点数结果正确。接着，小 A 又拿出一张有数字 8 的圆形图卡，在数到 5 时，小 A 停了一会儿，重新从 1 开始点数已放好的青蛙，再拿了一只青蛙后，小 A 又从 1 开始重新点数了一次，点数出了 9。数完以后，小 A 看了眼图卡上的数字，将一只青蛙放回了盒子里。她又点数了一次，数出了 5，然后便大声地数：“5、6、7、8。”一只一只地从盒子中拿出 3 只小青蛙放在图卡上，点数正确。剩下的 7、5、4、3、2、1，小 A 很快完成，并且都点数正确。游戏一共用时 5 分 30 秒。

教师引导小 A 核对数字为 10 的图卡上青蛙的数量是否正确。小 A 手口一致地点数到 9 以后，她看了眼数字，就随手指了一只小青蛙，说：“10。”教师引导小 A 再次验证，小 A 手口一致地点数到 9，然后她立刻从盒子里拿出一只青蛙，说：“9。”再拿出一只，说：“10。”教师引导她用将青蛙拿开的方法验证，小 A 这次发现了问题，重新调整后终于正确了。

【行为分析】

1. 小 A 点数时是用边大声念数字边点数的方法，点数时容易受旁边点数的小朋友的影响，不够熟练。

2. 小 A 能较熟练地点数 7 以内的数，点数 8 以上的数会出现重复数的现象，点数 10 时多次遇到困难。

3. 小 A 没有数数量为 9 的图卡，而是将 9 当作 6 又重新数了一次。

【观察记录 2】

小 B 随机拿起一张有数字 10 的圆形图卡，边大声地数“1、2……10”边一只一只地从盒子中拿出小兔子放在图卡上。都放好以后，小 B 拿起图卡说：“我这里有 10 只小兔子。”小 B 用同样的方法很快将剩下的 9 张图卡都数完了。游戏 ·共用时 5 分 45 秒。

教师引导小 B 验证自己的点数结果，小 B 用边点数边把兔子一只一只拿下图卡的方式验证，结果都正确。

【行为分析】

1. 小 B 点数时也是采用边大声念数字边点数的方法，并能熟练点数 10 以内的数，正确率高。

2. 验证结果时，小 B 采用的是一只一只从图卡上取下的方法进行验证。

【观察记录 3】

小 C 随机拿起一张有数字 9 的圆形图卡，他先是分别拿出 2 只青蛙放在圆形图卡上，然后，拿出 5 只青蛙放在图卡上。放好以后他说：“一共有 9 只青蛙。”小 C 重新拿了一张有数字 7 的圆形图卡，他一只一只地拿了 6 只青蛙放在手心，然后一起放在图卡上。教师问：“这是几啊？”小 C 看了一下他放好的青蛙，立马说：“是 7。”说完立刻从盒子里拿了 1 只青蛙放在图卡上。小 C 重新拿了一张有数字 10 的圆形图卡，他一只一只地拿了 6 只青蛙放在手心，然后一起放在图卡上，再一只一只地拿了 5 只青蛙，一起放在图卡上。小 C 就这样，用在心里默数，先拿一部分，再拿另外一部分的方式将剩下的图卡完成。游戏一共用时 3 分 30 秒。

教师引导小 C 验证自己的点数结果。小 C 用左手遮住最左边的 3 只青蛙，嘴里说："3。"然后右手用两根手指遮住旁边的 2 只青蛙，说："5。"然后看了一会儿剩下的青蛙，立刻将图卡上的 2 只青蛙拿走。放好以后，他重新用刚刚的方式验证，看了一会儿他重新从盒子里拿出 1 只青蛙放回图卡上。教师问："你刚刚是怎么检查对或不对的？"小 C 说"2 加 2 等于 4，4 加 1 等于 5，5 加 5 等于 10"，一并用手在图卡上将青蛙遮挡或聚拢。小 C 用这个方法将剩下的都验证了一次，结果都正确。

【行为分析】

1. 小 C 采用在心里默数的方式点数，对于 7 以上的大数，他采用的是先取一部分，再取另外一部分的方法。

2. 小 C 按数取物时速度较快，但是准确率不高，容易出现错误。

3. 在验证时，小 C 采用的是用两只手在图卡上将青蛙遮挡或聚拢，心里口算的方法进行验证。

【观察记录 4】

小 D 随机拿起了一张数字为 9 的圆形图卡。他看了一眼图卡后，拿起 1 只兔子，将兔子摆在数字上，再 1 只 1 只地拿出其他兔子，依次在图卡上排好。摆好 6 只以后，他重新用手指将摆好的兔子默念点数了一次，再分别拿出 3 只兔子依次摆好。很快，小 D 用刚刚的方法将 6 的图卡也摆好。在点数数字为 7 的图卡时，小 D 摆好 6 只兔子后，又用手指将摆好的兔子默念点数了一次，再继续拿取剩下的兔子。小 D 继续用先记住图卡上的数字，再依次一只一只拿取兔子的方法将剩下的图卡都完成。游戏一共用时 5 分钟。

教师引导小 D 验证自己的点数结果，小 D 先拿起遮挡住数字的兔子，看一眼数字后再将兔子挡住数字，然后用一一点数的方式进行验证，结果都正确。

【行为分析】

1. 小 D 采用的是默数方式，用时虽然较久，但是点数正确率高。在点数大于 6 的数时，小 D 点数到 6 后，需要第二次重新点数确认。

2. 小D看了一眼图卡上的数字后，就将数记在心里，按数取物过程中不用再确认数字。

3. 验证时，小D采用的是心中默数、手指一一点数的方式进行验证。

【四名幼儿行为比较分析】

1. 在点数方式上存在差异。小A和小B都是用手口一致大声点数的方式进行按数取物；小C和小D采用的是心里默数的方式。小C能目测5以内的数，对于7以上的大数，能用加法口算。

2. 在点数速度上存在差异。小C速度最快，仅用时3分30秒就完成全部图卡；小A、小B和小D都用时5分钟或以上。小B最慢，用时5分45秒。

3. 在正确率上存在差异。小B和小D按数取物正确率高，结果都正确；小A和小C都有错误。小A能正确点数7以内的数，点数8以上的数时会出现重复数的现象，点数10时多次遇到困难；小C在大数相加时容易出现错误，导致结果错误。

4. 在记忆数字上存在差异。小D只看一眼就将所要拿取的数量记在心里，不再反复看；小A容易受旁边小朋友点数的影响，忘记自己点数到几，要多次重新确认。

【支持策略】

调整游戏材料，增加材料的灵活性，调整难度，满足小D和小C或相同游戏水平幼儿的需求。

（1）分别设计空白或已有1～3只动物的游戏图卡。

（2）设计可撕贴的数字卡，并删除1～3的数字卡，保留4～10的数字卡。

（3）在6和9的数字卡上增加下划线，以便于幼儿的区分。

第二次游戏

【预期目标】

能观察游戏图卡上小动物的数量，并用顺接数的方式使图卡左右两侧数量相同。

【材料投放】

小动物若干；有不同数量动物的游戏图卡；可撕贴的数字卡。

【预期游戏玩法】

1. 随机抽取一张游戏图卡。

2. 抽取一张数字卡，贴在游戏图卡左侧。

3. 观察游戏图卡上是否有小动物，如果有，有几只。

4. 根据数字卡上的数字及游戏图卡上小动物的数量再拿取适宜数量的小动物放置在图卡上。

5. 验证小动物的数量是否与数字卡上数量吻合。

6. 更换游戏图卡或数字卡，重新游戏。

【观察记录 1】

小 C 选择了有 1 只青蛙的游戏图卡，并将 6 的数字卡贴在左侧。教师问："你需要拿几只青蛙?"小 C 说："我要拿 5 只。"教师问："为什么?"小 C 说："因为 1 加 5 等于 6。"小 C 很快拿出 5 只青蛙放在图卡上。小 C

将 6 的数字卡更换成 7 的数字卡。教师说："你先不要把原先放好的拿走，先想一想要再放几只？"小 C 立刻说："现在再拿一只就行，因为 6 加 1 等于 7。"说完，他立刻放了 1 只青蛙。小 C 又换了 9 的数字卡，说："现在要再拿 2 只，因为 7 加 2 等于 9。"小 C 又换了 6 的数字卡，他立刻拿起 3 只青蛙放回盒子里。教师问："你刚刚拿掉了几只青蛙？"小 C 说："我拿掉了很多只，现在剩下 2、4、6，一共 6 只。"小 C 接着说："2 加 2 等于 4，4 加 2 等于 6，没错了。"

【行为分析】

1. 小 C 在游戏中是采用口算加法的方式将游戏卡上的动物补充完整。

2. 小 C 能熟练进行 10 以内的加法口算，但是数量变少的情况下，他没有完全理解 9 减去 3 等于 6，而是凭借目测，留下 6 只小青蛙，将多余的 3 只青蛙拿走。

3. 在验证结果时，小 C 也是采用口算加法的方式进行验证。

【观察记录 2】

小 D 选择了有 2 只兔子的游戏图卡，并将 5 的数字卡贴在左侧，从盒子中拿出 1 只兔子，再依次拿出 2 只兔子放好。小 D 说："我再放了 3 只兔子。"小 D 换了 6 的数字卡，他重新将兔子数了一遍，再拿出 1 只兔子放上去，说："我拿 1 只就够了，现在有 6 只兔子。"接着，都是采用这个方法进行摆放兔子。

【行为分析】

1. 小 D 在游戏中采用的是手指一一点数的方式进行游戏。

2. 在游戏中更换数字卡后，小 D 是采用重新从头点数再增减动物的方式完成。

【观察记录 3】

小 E 选择了有 2 只青蛙的游戏图卡，并将 8 的数字卡贴在左侧。小 E 边看着游戏卡，边小声地说"1 只、2 只……"边依次将青蛙摆放在图卡上。摆好以后，小 E 用手口一致小声点数的方式重新验证。接着，小 E 更换了 10 的游戏卡，教师说："你先不要把原先放好的拿走，先想一想要再放几只？"他嘴里边说"8 只、9 只、10 只"边从盒子里拿出 2 只青蛙放在游戏图卡上。放好以后，他说："我再拿 2 只就是 10 只了。"

【行为分析】

1. 小 E 在游戏中采用的是手口一致小声点数的方式。

2. 当数量增加时，小 E 没有从头重新数，而是能用顺接数的方式将数量补充完整。

【观察记录 4】

小 F 选择了有 1 只兔子的游戏图卡，并将 5 的数字卡贴在左侧。小 F 贴好数字卡后，用两只手一次性从盒子里拿出 4 只兔子，一起放在了游戏图卡上。小 F 更换了 7 的数字卡，他又一次性从盒子里拿出 2 只兔子，放在了游戏图卡上。小 F 又依次更换了 8、10、7 的数字卡，也依然是采用一次性增、减兔子的方式完成游戏。

【行为分析】

1. 小 F 在游戏中采用的是目测的方式，能熟练进行 10 以内的按数取物。

2. 小 F 理解 10 以内数的数量关系，能灵活运用多 1 少 1、多 2 少 2 的数量关系迅速完成兔子数量的增减。

【四名幼儿行为分析】

1. 在点数方式上存在差异。小 E 是手口一致小声点数；小 D 是用手指一一点数的方式；小 F 主要是用目测的方式；小 C 是采用口算加法的方式。

2. 在理解 10 以内数量关系上存在差异。小 F 理解 10 以内数的数量关系；小 D、小 E 则是在游戏结束后，能说出增加或减少的数量；小 C 对增加的数量关系掌握得比减少的数量关系更好。

3. 在游戏方式上存在差异。小 D 自始至终都是从 1 开始数；小 E 则能在前一次总数的基础上顺接数；小 F 能灵活运用多 1 或少 1、多 2 或少 2

的数量关系迅速完成数量的增减；小 C 则是用口算的方式进行增减。

【支持策略】

1. 增加与同伴间的竞赛，提高活动的趣味性。

2. 增加奖励，鼓励更多幼儿参与游戏。例如，完成所有游戏卡片可以获得一定的奖励，激励幼儿多多参与游戏。

（观察教师：李璐瑶　指导：孙彩霞）

中班数学区观察案例：我的地盘

数学区活动“我的地盘”将数学活动与幼儿最喜欢的棋类游戏相结合。目的是让幼儿在有趣味又有挑战性的材料操作中，理解数与数之间的关系，形成一定的规则意识和合作意识。同时，培养幼儿在游戏过程中形成克服困难、解决问题、保持专注和坚持游戏的良好学习品质。

“我的地盘”共有四种玩法，教师可以根据教育目标和幼儿发展需求，循序渐进地分阶段投放材料，不断提升游戏难度。建议可以让幼儿在熟练掌握玩法一的基础上，再投放玩法二或玩法三的材料。熟悉了玩法二或玩法三再投放较复杂的玩法四的材料“加减转盘”，让幼儿在自我挑战中获得成就感。

活动阶段一

【预期目标】

1. 能根据骰子的点数进行准确的计数。
2. 愿意与同伴一起游戏，了解将格子占满为赢的游戏规则。

【材料投放】

游戏底板 1 张、红黄两色花片若干、点子骰子 1 个、篮子 2 个。

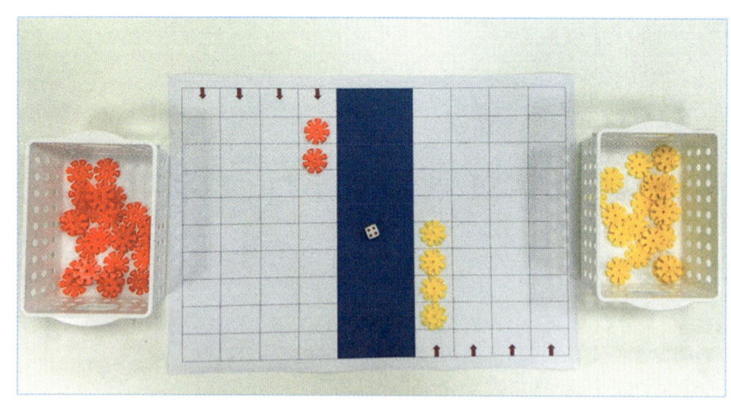

【参考玩法】

1. 两名幼儿猜拳决定谁先掷骰子和选择花片的颜色。

2. 赢的一方先掷骰子，并根据点子骰子上面的点数按箭头方向摆放对应数量的花片。

3. 先将自己领地摆满的一方为游戏的获胜者。

【观察记录】

核桃在石头剪刀布中获胜，得到先掷骰子的机会。他看了看掷出的 5 个点，先从盒子里数出 5 个黄色的花片放在手上，再从底板左上方依次摆上 5 个花片。接下来乔治掷出了 4 个点，他从盒子里取出 1 个红色花片，摆在自己左上方的底板上，然后按照同样的方法取放剩下的 3 个花片。第二轮，核桃掷出 2 个点，他直接从盒子里取出 2 个黄色花片，然后将花片接在前面摆好的 5 个花片后面。乔治掷出了 5 个点，仍然按照取一个花片摆一个的方法，将花片从底板的第二行重新摆起。教师提醒道："要从你前面摆好的花片接着往下摆哦!"乔治马上调整了花片的位置，接着往下摆。第三轮时，乔治掷出了 3 个点，他接着往下摆时，发现这行已经摆满，于是将剩下的一个花片直接摆在第二行的右手边。教师再次提醒道："摆花片时最好按照从左到右、从上到下的顺序摆，第一行摆不下了，我们可以从第二行最左边接着摆。"乔治调整了花片的位置，并在接下来摆花片的过程中，学会了这个方法，直到核桃先摆完花片，取得胜利。

【行为分析】

1. 两名幼儿都较好地掌握了5以内的点数。

2. 核桃采用的是先点数数量再逐一摆放花片的方法，乔治采用的是取一个花片摆一个花片的方法。

3. 乔治刚开始没有形成从左到右、从上到下摆放花片的习惯，在教师提醒后能及时做出调整。

【解决策略】

1. 可以适当增加游戏难度，将骰子换成数字转盘。

2. 在底板左侧，贴上从左到右的箭头标识，提醒幼儿按照从左到右的顺序摆放花片。

活动阶段二

【预期目标】

了解转盘中“+”的含义，并能根据转盘上“+”后面的数字正确摆放花片数量。

【材料投放】

1. 游戏底板1张、红黄两色棋子若干、铁盒2个。

2. 增加加法转盘1个。

【参考玩法】

1. 两名幼儿猜拳决定谁先转转盘和选择花片的颜色。

2. 赢的一方先转转盘，并根据转盘上“+”后面的数字正确摆放花片数量。

3. 先将自己领地摆满的一方为游戏的获胜者。

【观察记录】

核桃和乔治通过石头剪刀布决定由乔治先转动转盘，乔治转了一个“+3”后，仍然按照取一个花片摆一个花片的方法摆完 3 个花片。核桃转到“+4”和“+5”的中间线上，这时核桃说我转到 5 了，乔治说不对还没到 5 是 4。然后两人用求助的眼神看着我。我告诉他们当指针指到线上时，可以重新转一次。于是核桃再次转动转盘转到“+4”，他快速点数出 4 个花片后依次摆放在底板上。再次轮到乔治，他转到“+4”时，又开始依次从盒子里取一个花片摆一个花片，摆到最后第 3 个花片第一行已摆满，将剩下的一个花片摆在了第二行左起箭头处。两名幼儿依次轮流游戏，最终核桃先摆满底板获胜。

【行为分析】

1. 有了底板上的箭头提示后，两名幼儿都能按照从左到右、从上到下的顺序添放花片。

2. 两名幼儿都能明白转盘中“+”的含义，并能根据转盘上“+”后面的数字正确添放花片数量。

3. 乔治仍然停留在取一个花片添放一个花片的方法上。

4. 核桃已经能较熟练掌握 5 以内的按数取物。

【解决策略】

1. 引导乔治观察为什么核桃每次摆放花片速度都比较快，并尝试学习先点数数量再逐一摆放花片的方法。

2. 可以继续增加难度，投放减法转盘。

活动阶段三

【预期目标】

了解转盘中“－”的含义，并能根据转盘上“－”后面的数字减少相应的花片数量。

【材料投放】

1. 游戏底板1张、红黄两色棋子若干、铁盒2个。

2. 增加减法转盘1个。

【参考玩法】

1. 两名幼儿猜拳决定花片的颜色，然后在各自地盘上铺满花片。

2. 再次猜拳决定谁先转转盘，并根据转盘上“－”后面的数字减少相应的花片数量。

3. 先将自己领的花片取完的一方为游戏的获胜者。

【观察记录】

两名幼儿各自在自己的底板上铺满花片，核桃转到“－5”，伸出食指从右下方往左逐一点出5个花片，并收起。乔治转到“－2”，他从右下方往左叠起2个花片。核桃转到“－4”，从右往左逐一点出4个花片收起。乔治转到“－5”，他从右下方往左叠起5个花片。核桃转到“－3”时最后一排只剩2个花片，他用左手直接收起2个花片后，顺势收起上一行左起第一个花片。乔治转到“－4”时最后一行也只剩2个花片，他叠起最后一排2个花片后，也往上一行左起继续叠了两个花片收起来。我提醒：“你们应该从右边收起花片。”核桃马上往左边补上2个花片，然后从第三行右边取走2个花片。核桃再次转动转盘，转到“－3”，他从第三行右边直接收起3个花片。乔治转到“－3”他也从右边依次叠起3个花片。当第三行花片取完后，2名幼儿都知道从上一行右手边取花片了。最终乔治先将自己地盘内的花片全部收完。

【行为分析】

1. 两名幼儿都能明白转盘中“－”的含义，并能根据转盘上“－”后面的数字收起相应数量的花片。

2. 核桃遇到“－4”或以上数量的花片时，采用逐一点数的方式收4个花片；遇到减4以内的数时，可以目测数量后直接收起。

3. 乔治从头到尾都是采用逐一收花片的方式进行游戏。

4. 刚开始两名幼儿收完一行花片后，都是从上一行左边取花片。经教师提醒后，调整为最后一行的尾部收花片。

【解决策略】

1. 引导幼儿观察摆放花片的顺序：从左到右、从上到下。引导幼儿思考收花片时也可以采用此方法：从右到左、从下到上或从左到右、从上到下。

2. 继续增加难度，投放既有加号又有减号的转盘。

活动阶段四

【预期目标】

1. 巩固对转盘中“＋2”“－5”等符号含义的理解，并正确增减花片数量。

2. 专注于游戏，不中途放弃游戏。

【材料投放】

1. 游戏底板1张、红黄两色棋子若干、点子骰子1个、铁盒2个。

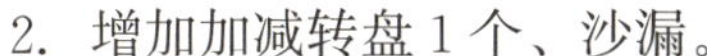

2. 增加加减转盘 1 个、沙漏。

【参考玩法】

1. 两名幼儿猜拳决定花片的颜色，然后在各自地盘上先铺满两行的花片。

2. 再次猜拳决定谁先转转盘，并根据转盘上“＋”“－”后面的数字增减相应数量的花片。

3. 规定时间内（沙漏），领地内花片多者为游戏的获胜者。

【观察记录】

乔治和核桃各自在自己的地盘上方铺满两排花片，猜拳后，核桃获得先转动转盘的机会，他转到“－3”，从第二行右边先收起 2 个花片后又收起 1 个花片。乔治转到“＋2”，在第三行左侧逐一添上 2 个花片。核桃转到“＋2”，从盒子里直接取出 2 个花片摆上，乔治转到“－4”，又开始逐一收花片。接着，核桃看到减或加的数时，都能一次性取或收相应数量的花片。乔治看到减或加的数时，依然采用逐一取或收的方式进行游戏。

【行为分析】

1. 两名幼儿都能理解转盘中“＋2”“－5”等符号含义，但核桃偶有出现看错“＋”“－”符号的现象。

2. 乔治仍然采用逐一放和收花片的方式进行游戏，核桃相对灵活一些，有时候会采用一次性取或收花片的方式。

【解决策略】

1. 在日常生活中渗透计数练习，并鼓励乔治继续参与数学区中“占地盘”和“翻翻数数”等计数类游戏。

2. 对于核桃，可以增加游戏难度，将“占地盘”中转盘上的数量增加到 10 以内的数，鼓励核桃用目测数量的方式取放花片。

3. 对于乔治，继续鼓励他看到增加数量或者减去数量时，可以先数好总数再操作。如“+3”时，可以先取 3 个花片再摆放上去。

4. 添加 10 分钟的沙漏，控制游戏时间，当沙漏漏完时，谁地盘上的花片多谁获胜。

（观察教师：金沙　指导：孙彩霞）

大班数学区观察案例：它几号过期

【预期目标】

1. 理解食品的保质期，能在月历上进行计算与记录。

2. 巩固对年历的认识。

【材料投放】

年历、食物过期记录表、铅笔、橡皮擦。

【观察记录】

观察幼儿1：灵灵拿到记录表后写上今天的日期，然后将年历翻到六月份，并在10日上画上圆圈。她看着记录表，念道："蛋糕，5天。"她拿过年历，从10日开始点数5下，她看了看表格，填上了6.15。接着她用这样的方法，记录2样食物的过期日期。"巧克力，7天。"她从10日开始在年历上点了7下，在表格上填写6.16。下一栏是汉堡，保质日期1天，她指向6月11日，说道："那11日就不能吃了。""鸡腿，5天。"她从10日开始在年历上点数5下，写下6.14。"小笼包，2天。"她按照之前的方法进行点数，看了一会儿表格然后填写下6.12。之后的记录，她都采用点数的方法完成。

观察幼儿2：廖廖拿到记录表后写上今天的日期，将年历翻到六月份并在10日上画上圆圈。她看着表格念道："烤鸡5天后不能吃，那就是第6天不能吃。"她拿过年历，用手指在年历上点数道："1、2、3、4、5、6。"点完，她将左手食指摁在6月15日的日期上，右手在烤鸡那栏的记录表上写下“6.15”。接下来，她用同样的方法记录了寿司和棒棒糖。她正当准备点数薯条的过期时间时，她停顿了一会儿，写下了“6.12”。我问她你怎么算出薯条的过期时间，她指着上面的寿司说道：“它们都是今天生产的，寿司3天过期，薯条2天过期，薯条比寿司少1天。上面寿司写了6.13，那薯条就是6.12了。”接着，她不再看年历，用这样的方法写完了剩余的记录表。

观察幼儿3：睿睿拿到记录表后写上今天的日期，将年历翻到六月份并在10日上画上圆圈。他看着记录表念道：“烤鸡5天。”他在年历表上点数了5个日期后，写下了“6.15”。接着他用同样的方法算出了寿司和棒棒糖。在填写薯条的过期日期时，他看了记录表一会儿，然后写下了“6.12”。我问他你怎么发现薯条是6.12过期的，他说道：“今天是10日，烤鸡5天过期就是15日；寿司3天过期就是13日；棒棒糖10天过期就是20日。往下算就是加法了。”接下来，他用这样的方法做完了剩余的记录表。

【行为分析】

1. 灵灵、廖廖和睿睿能熟知年历中月份和日期之间的关系，能熟练掌握在年历中查找特定的日期。

2. 灵灵对于食物过期日期是否包含当日不清晰。如，当保质期1天时，她会认为是当天过期。

3. 廖廖已熟练掌握每个月份中日期之间的关系。例如，廖廖清楚地知道每月的12日都在13日的前一天。由此，她通过保质日期之间的时间差，直接在已得出食物的过期日期上进行加减，从而得出其余食物的过期日期。

4. 睿睿事先采用点数的方法，在填写过3样食物的过期日期后，发现可以利用加法的方式直接得出过期日期的方法。

5. 从以上三名幼儿的行为表现中可以看出，三名幼儿运用年历的发展水平不同。水平1：灵灵主要是采用点数的方式来记录食物过期的日期，且对食物过期日期的概念较为模糊；水平 2：廖廖和睿睿能在操作中感知日期的特征，且能合理地利用年历中日期的特点进行记录。

【支持策略】

1. 针对水平 1 的幼儿，我们应该继续巩固过期日期的概念，简化操作材料，帮助幼儿熟练推算。例如，在操作材料中增加记号贴，让幼儿在点数结束后的下一日贴上标记，帮助幼儿判断哪一日为过期日期。

2. 针对水平 2 的幼儿，可在数学区投放难度不同的材料供幼儿进行操作，增加游戏的趣味性及挑战性。例如，适当增加保质日期的天数；保质日期之间的天数有一定的跨越性；设置一些需要跨月计算的日期。

3. 进行家园共育，让幼儿回家查看家中食物的保质日期有多久，算一算这些食物什么时候过期，以标签的形式记录下来，和家长一起清除家中的过期食品。

（观察教师：吴妍芬　指导：孙彩霞）

大班数学区观察案例：听指令摆花片

【预期目标】

1. 进一步理解序数的二维判定，能用序数词表述物体的正确位置。
2. 能听懂同伴的表述，并将花片摆在相应的位置上。

【活动材料】

操作卡和花片。

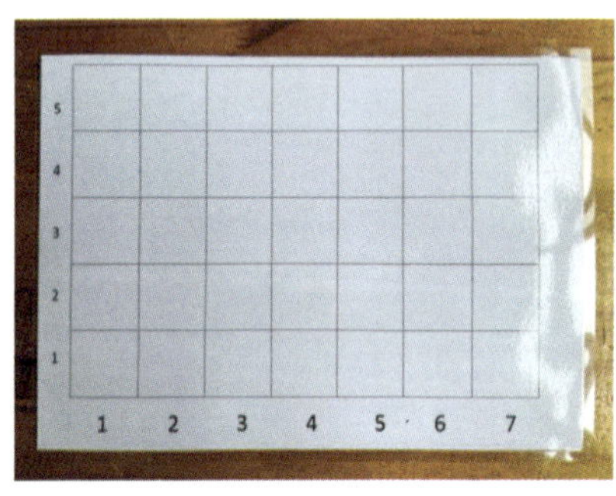

操作卡

花片

【观察记录】

小 A 将 5 个红色花片摆在操作卡上。对小 B 说第一个花片的位置“407”，小 B 拿起一个花片摆在第四排第七个的位置上。小 A 接着说：“5 杠三楼，305。”边说边用手点数着操作卡上的格子确认自己有没有说错。小 B 用手点数先找到了三层第五个，放下了雪花片。当小 A 看到小 B 也都是红色花片朝上的时候，她跟小 B 商量道：“你用蓝色的朝上吧，我们区分开来吧！”于是小B将自己的两个已经摆上的雪花片翻了过来，蓝色朝上。小A说：“3杠2楼，203。”小B接着将雪花片放到了位置上。小A说：“4杠7，407。”小B看了小A的操作卡，又看了看自己的操作卡跟小A说：“407上面已经有雪花片了，你刚刚已经说过了，是不是402还没有说啊。”小A看着自己的操作卡和小B的操作卡说：“对，4楼，402。”小B迅速地将雪花片放下。完成后，小A和小B互相看了彼此后，我问她们：“你们要不要核对一下有没有摆放正确？”小A把自己的操作卡转了一个方向，摆放在小B操作卡的旁边，小B看完以后说：“我都对了。”核对后，小A和小B将花片放回盒子里。

第二轮游戏开始，小B说：“我先摆了。”她也摆了5片的花片，小B说：“101和206。”小A找到了相应的位置。随后小B说：“302。”小A没有听清楚，又问了一遍，小B说：“302。”小A看了小B的操作卡以后，将花片放在了203上。小B说：“403。”小A看了看小B的操作卡，很犹豫没有放下自己的花片，小B说：“503。”小A将花片放在了404上，小B又说：“503。”小A看了两人的操作卡上，将花片放在了505上，小A将操作卡转了个方向放在了小B前面，小B核对小A的操作卡，将没有摆放正确的3个花片拿了起来，给了小A说：“这3个错了。”将操作卡又拿回来后，继续摆放。小B说：“503。”小A将花片摆在了505上，小B看了小A的摆放后提醒：“是503，不是505。”小A进行了调整。接下来完成了另外两个花片的摆放。

【行为分析】

1. 小 A 和小 B 熟悉材料的玩法，并懂得借助花片的两个颜色进行游戏。

2. 小 A 能知道自己摆放的花片所在的位置，并能边说边用手点确认位置是否正确。当她说出的花片位置是“5 杠三楼”，会补充说是“305”。

3. 在摆放的过程中，小 A 会受到镜像摆放的干扰，怀疑自己的摆放出现错误。

4. 小 B 能知道自己摆放花片的位置，并能准确表述。

5. 小 B 能不受镜像的干扰，帮助小 A 调整放置错误的花片。

6. 在教师指导下，两名幼儿懂得进行检查，并找出错误的地方，能重新进行游戏。

【支持策略】

1. 在幼儿无法说出花片位置的时候，教师可以引导幼儿降低难度描述花片位置，描述花片位置为“几层几格”。

2. 可以引导幼儿双方约定好表述花片位置的统一说法。

3. 可以增加骰子材料，让幼儿先掷骰子比大小，再决定谁先开始摆放，增加游戏的趣味性。

（观察教师：林佳琦　指导：孙彩霞）

大班数学区观察案例：我说你摆

【预期目标】

1. 能用方位词描述物体的位置和运动方向。

2. 能听懂对方或者自己描述物体的空间位置。

3. 学习检查游戏结束后的情况。

【活动材料】

25宫格底图，游戏指示图（图上有不同的乐高，乐高上面的凸起个数不一，分别是2个、4个、6个、8个等）。

【观察记录】

两名幼儿在玩“我说你摆”的游戏，刚开始的时候，男生描述，女生摆，男生能根据颜色的标记，说出了第一、第二个胶粒的正确位置，如他说：“在红色点的最上面的位置上放上一个蓝色的长方形。”从第三个胶粒开始，他将已摆好的胶粒作为参照物描述下一个胶粒的位置，如他会说“红的大长方形的下面是红色的正方形”。大部分表述不是很清楚，表述不是很清楚时候，女生都会进一步问详细的信息，如“是深蓝还是浅蓝”“再说一遍”“说清楚一些”“那一格是哪一格”等问题，男生进行简单的补充。他们按照这个方式把图纸上胶粒的位置描述完，并摆放好。

活动结束，两名幼儿开始检查摆放情况，女生开始拿着男生表述的游戏卡进行核对，女生发现错误，自己进行调整。接下来，女生开始教男生描述胶粒所处的位置，她是这样描述的，如：从左往右数第几格，从上往下数第几行，摆放什么颜色，多少数量点点的胶粒。男生问女生：“你懂得左边右边吗?”女生指着卡片左右的颜色标记回答：“你可以这样记着，橙色点点的是左边，红色点点的是右边。”女生指着操作卡上的绿色胶粒说：“你可以这样说，从上往下数，第四行的第一个就是绿色。”男生问：“可以用行列来说是吗?”女生回应说：“你要记住行、列和左、右。”男生说：“我只要记住行列就可以了。”说完东张西望，女生又详细地说了一遍：“从上往下数，第四行的第一个就是绿色，绿色的胶粒有 8 个圆点。”说完还点数了一遍给男生听。在老师提醒下，两个孩子根据操作提示卡，调整了胶粒的位置。

老师提醒女生，考一考男女看看他会不会。女生问，男生表述，他还不是很清楚，总是东张西望，女生慢慢教他表述，还引导他区分格子、行、列等信息，还让他学习她完整的表述，直至男生在她提示下学会描述位置。

【行为分析】

男孩行为分析：

1. 男孩分不清左右。

2. 男孩语言表述不够流畅、清晰。

3. 男孩只能按照参照物来描述胶粒的位置，不会二维判定。

4. 男孩认知困难导致兴趣减弱，游离于活动之外。

女孩行为分析：

1. 女孩能注意倾听男生的表述。
2. 女孩对上下、左右等空间方位概念认知准确。
3. 女孩思维清晰，语言描述有序、精准。
4. 女孩会二维判定。
5. 女孩能根据男生学习的困难点，耐心进行有针对性的指导。

【支持策略】

1. 降低材料难度，提供一维的图片，让男生逐步学习摆放。
2. 要逐步引导男生学会用方位词表述物体的位置。
3. 请女生当小老师，指导其他幼儿游戏。
4. 采用竞赛的方式，让女生和其他幼儿游戏，提升摆放速度。
5. 提高女生游戏材料的难度，增加挑战性。

大班数学区观察案例：数字三子棋[①]

在数学区中观察幼儿数学学习的行为，教师可以了解幼儿活动过程中传达的信息，包括数学学习兴趣、学习特点、学习水平，并对其学习过程进行分析，了解幼儿数学认知能力，以便寻找适宜的支持策略。这也是一个动态的、发展的过程，是不断地优化数学区活动开展的过程。数学区活动案例“数字三子棋”主要的目标是巩固幼儿10以内数的加法运算，根据林嘉绥的研究，学前儿童加减运算能力的发展过程一般是从具体水平加减到表象水平加减，再到抽象水平加减，从逐一加减到按群加减，但这个过程到了具体年龄或者不同的个体身上，又有不同表现。所以说幼儿数学学习行为的复杂性以及表现的相似性，使得教师的观察存在一定的难度，因此，本案例通过对三组幼儿的观察和比较，直观感受幼儿在学习10以内的加法运算过程中的不同发展水平，并在分析的基础上，提出适宜的支持策略。

【预期目标】

1. 巩固10以内加法运算。
2. 学习数字三子棋的玩法。
3. 喜欢参与数字三子棋活动，感受竞技游戏的乐趣。

【活动材料】

经验准备：学习过10以内加法；有五子棋的游戏经验，了解五子棋的

---

① 孙彩霞，金沙. 大班数学区活动：数字三子棋［J］福建教育，2019（5）.

游戏规则。

材料准备：数字底板，0～5 的数字骰子和 0～5 的圆点骰子各一套，黑白两色棋子若干，记录表 2 份，贴纸若干，笔 1 支。（如图 1）

【游戏玩法】

两名幼儿游戏。游戏开始，先摆放好数字底板，双方各选一色棋子。两人通过猜拳决定谁先掷骰子。先掷骰子的幼儿根据两个骰子上面的数字做加法，算出得数后，把自己的棋子放在底板的相应数字上。谁的 3 个棋子能横向、纵向、斜向任意一种方式连起来就为赢，赢的一方取出记录单和笔，写上自己的号数，再选一张贴纸贴在局数的下方。活动结束，看谁得的贴纸多，谁就获胜。

【观察记录 1】

轩宝和睿睿选择了数字骰子进行三子棋游戏。

轩宝掷出了 5 和 1，他用手先点了一下记录表上的数字 1，然后又指着记录表上的数字 5 念道：“23456。”接着将棋子放在底板的数字 6 上。

睿睿掷出一个 1 和 4，看了一眼后直接把棋子放在数字 5 的底板上。

轩宝接着掷出了 0 和 1，他又到记录表上找到数字 1，点了一下后得出了 2 的结果，老师问道：“0 加 1 应该是多少呢？”轩宝不确定地问道：“是

1 吗?”老师点了点头。轩宝先把棋子放在底板左上角的 1 上，然后又收回棋子重新放在了底板中间的 1 上。

睿睿接着掷出 2 和 5，摸着数字骰子用求助的眼神看着老师，老师问道：“2 和 5 哪个数大?”睿睿答：“5 大。”老师指着骰子上的数字 5 说道：“你可以把大的数记在心里，然后再数 567，那 5 加 2 应该得几?”睿睿答：“7。”他拿起棋子放在了紧靠自己白子旁边的数字 7 上。

轩宝接过骰子掷了两个 2，停顿了一会儿说道：“2 加 2 是 4。”

睿睿掷出了一个 5 和 4，又停在那算不出来。我让他用刚才教的方法试试，结果他还是无奈地看着我，于是我请他把大数 5 记在心里，然后从棋盒里拿出四个棋子，再用刚才的方法试一试，他很快说出：“等于 9。”

轩宝接着掷出 6 和 2，然后指着记录表上的 2 口中默念了一会儿问：“是 7 吗?”我摇了摇头，轩宝看着旁边画着点子的骰子问道：“老师我能换那个骰子玩吗?”我同意了，于是他放下手中的数字骰子，拿起圆点骰子。

换完骰子后，轩宝掷出了 4 个点和 2 个点，他把两个骰子放在一起，用手指依次在两个骰子上点数，很快得出了 6 的答案。睿睿接着掷出了 2 个点和空点，他快速在棋盘上找到了数字 2。换成圆点骰子后，两个幼儿的计算速度明显加快，遇到大数的时候，睿睿用点数的方式算出总数，很快睿睿先将棋子连成一线获胜。

【行为分析】

1. 轩宝进行加法运算的时候，需要将数字转为具体的实物，是属于具体水平的加法运算。具体水平的加减运算主要是幼儿以实物或者图片等直观材料为工具进行的加减运算，这里轩宝主要是借助记录表进行。

2. 轩宝能对个别小的数直接进行加法运算，但是不确定对错，对自己算出的答案表示质疑。

3. 睿睿无法对两数进行加减，需要在老师的引导下用顺接数的方式算出答案，没有老师时，睿睿没有办法独立使用顺接数的方式进行计算。所谓顺接数，就是以一组物体的总数为起点，开始逐一计数，直到数完第二组物体。

4. 数字运算对两位幼儿来说比较困难，因此他们主动将数字骰子调整为圆点骰子。在用圆点骰子的过程中，轩宝采用逐一点数的方式进行计算，就是将两组物体合并在一起，再逐一计数一共是几个。而睿睿在遇到少的圆点时，能直接算出得数，遇到多的圆点时，需要逐一点数算出得数。

【观察记录 2】

灵灵掷出 4 和 3 后，成成用手指空点说："4567，等于 7，你放到 7 上面。"灵灵在棋盘中间找到数字 7，放上黑子，成成接着游戏。

当灵灵掷出 5 和 2 时，很快得出 7 的答案，成成指着右下角的数字 7，说道："你可以放在这。"灵灵犹豫了一下说道："我看下有没有更近的棋。"然后找到离自己黑子较近的 7 放上去。

成成再次掷出 4 和 3，他先伸出 4 根手指，然后依次放下三根手指数道："567，等于 7。"拿起棋子在底板上随意找了个 7 放上。这时成成发现自己的三个白子紧靠着连成一个"L"型，开心地说道："我赢了。"

灵灵忙抗议道："不行，没有这样转弯的，老师没有说过这样的规则。"老师提示说："只有三个棋子从横向、纵向，或是斜向连成一线的时候才算获胜。"

成成掷到两个 0，将棋子放在 0 上后发现两颗白子连成一线，指着紧靠白子边上的数字 8 说道："就差一个 8 我就赢了。"

灵灵说："我把你的 8 给占了。"结果灵灵掷了两个 4，开心地说道："我真的把你的 8 给占了。"

他们继续玩，老师发现左右两条斜向的棋子同时连成了一线，两个孩子都没有发现，老师问道："你们看看棋盘上有没有三个子连在一起的？"两个孩子看了一会儿还是说："没有。"于是老师用手指在棋盘上依次画横向、纵向、斜向，让他们认真找一找。最终成成发现了一个方向的斜线上三个白子连在了一起，老师又指着另一个方向问道："那这边呢？"灵灵答："也连在了一起。"成成问："那是我赢了吗？"他兴奋地在自己的记录表上贴上了贴纸。

【行为分析】

1. 两个幼儿对数字三子棋的游戏规则有了初步的了解，灵灵掌握了数字三子棋中就近落子和堵人的技巧，但在具体操作过程中，两个幼儿都较难发现三子斜向相连的情况。

2. 成成需要借助手指空点和默记大数再接数的方式进行较大数的加法运算。也就是以一个数为总数起点，逐一计数，直到数完第二个数，说出数。

3. 灵灵能用按数群计算的方式进行 10 以内数的加法运算。按群计数的方式依靠抽象概念进行运算，要求幼儿能将数字作为一个整体去把握。

【观察记录 3】

小奕掷出了 4 和 1，佑佑忙说："是 5。"然后用手指向棋盘最顶端的数字 5，小奕没有听佑佑的，找了个离自己黑子较近的 5 放了上去。

佑佑掷出了 5 和 2，他把两个骰子并排放在一起，然后说道："是 7。"小奕指着棋盘正中的 7 说道："放这。"佑佑马上放了上去。

小奕接着掷出了 3 和 0，口中念道："3。"佑佑着急地指着棋盘边上的 3 让小奕放，小奕摇了摇头，佑佑又找了个黑子旁边的 3，小奕马上放了上去。

接下来的游戏中，小奕掷骰子时，总是佑佑先报出得数，然后在棋盘上指出相对应的数字，可是小奕总是要自己思考一会儿，然后放在自己认为最恰当的地方。

最后，佑佑掷出 3 和 0 还在思考要往哪落子的时候，小奕说道："你赢了。"佑佑观察了一会儿把白子放了上去，开心地笑了。小奕指着横向和纵向的白子，告诉佑佑他两个方向 3 个白子都连成了一线。

【行为分析】

1. 小奕和佑佑都能采用按群计数的方式进行计算。相比之下，佑佑计算的速度比小奕快。

2. 小奕在选择每个棋子的位置时有自己的思考，如远处和近处都可以摆放时，选择靠拢自己棋子的位置摆放。

3. 佑佑在与小奕的对弈过程中，能从同伴的操作中获得玩数字三子棋的经验，逐步懂得选择棋子最佳的摆放位置。

【幼儿行为比较分析】

从以上三组幼儿的行为表现可以看出，幼儿学习加法运算表现出了三种不同的发展水平。水平 1：轩宝和睿睿，主要是采用从头开始逐一点数圆点的方式算出得数；水平 2：成成主要是采用顺接数的方式进行加法运算；水平 3：灵灵、小奕、佑佑是采用按群计数的方式进行计算。

在玩数字三子棋的过程中也表现出了不同的水平，有的幼儿属于随机摆放；有的幼儿懂得选择与自己棋子相近的位置摆放棋子；有的幼儿既能关注到如何让自己的棋子连得快，又懂得去堵住对方，不让对方三连珠。

【调整与推进】

根据幼儿的实际发展水平，我们对游戏进行了以下调整，满足不同幼儿的发展需求：

1. 改变游戏玩法，让运算水平 3 的幼儿挑战学习 5 以内的减法运算。引导幼儿在投两个骰子的时候，将大数减去小数，算出得数后再在数字底板上摆上相应的棋子，其余规则与加法相同。同时可以提供拨珠器，方便让幼儿进行计算。

2. 引导运算水平 1 的幼儿从“从头开始逐一计数”逐步过渡到运用“顺接数”的方式进行计算。如：在表演游戏“小兔拔萝卜”中，让扮演兔子的幼儿第一次出去拔几根萝卜，第二次又出去拔几根萝卜，然后数一数一共拔了几根萝卜。这个过程中老师可以请孩子把第一次拔的萝卜数记在心里，然后接着数第二次拔的萝卜数。还可以在数学区中投放花片、积木等材料，借助实物表征来辅助幼儿进行数的运算。随着幼儿数感的发展以及经验的积累，当幼儿不需要借助手指或者实物来进行逐一点数后，再投放“数字三子棋”中的点子骰子供幼儿游戏。

3. 幼儿学习加法涉及口述应用题的表象活动和数的组成的抽象数群概念问题。因此，对于运算水平 2 的幼儿，教师需要结合集体教学活动开展，在区域活动中继续让幼儿学习不同的运算方式，如看实物列算式计算、口述应用题列算式计算、看分合式列算式计算等方法，从而提高到“按群计数”的运算水平，即抽象水平运算。

（1）看实物列算式再计算，教师提供不同颜色、大小的雪花片，如雪花片的特征是：3 大，2 小；1 红，4 白。让幼儿观察两种特征雪花片的数量，列算式再计算。幼儿可以列出 3＋2＝5、2＋3＝5 或者 1＋4＝5、4＋1＝5。

（2）教师口述应用题，让幼儿凭借教师口头叙述的情景，引发头脑中物体数量再现而进行计算。如老师说，我有 3 根棒棒糖，又买了 2 根棒棒糖，现在一共有几根棒棒糖？当然，也可以将情境图投放在区域活动中，引导幼儿自己观察情境图内容，列出算式“2＋3＝?”然后再计算得数。在具体的实践过程中，教师应该兼用直观材料口述应用题和无直观材料口述应用题两种方式。因为，无直观材料伴随的口述应用题，是引起加减表现和引导幼儿学习加减由具体过渡到抽象的主要形式。

（3）用数的组成学习加法计算。教师可以通过提供分合式，如 $\begin{array}{c}4\\ / \quad \backslash\\ 1 \quad\ 3\end{array}$，让幼儿列出“1＋3＝?”或者“3＋1＝?”算式再计算。列题过程中，可以引导幼儿说出式题表示的意思是“4 可以分成 1 和 3，1 和 3 合起来是 4，所以 1＋3＝4”。

其实，口述应用题、组成、运算，可以在日常生活中进行转换游戏，提升幼儿的计算能力。在班级陆续开展多种形式的学习活动后，幼儿的数字三子棋游戏能力得到了明显的提升。

具体的操作材料如图：

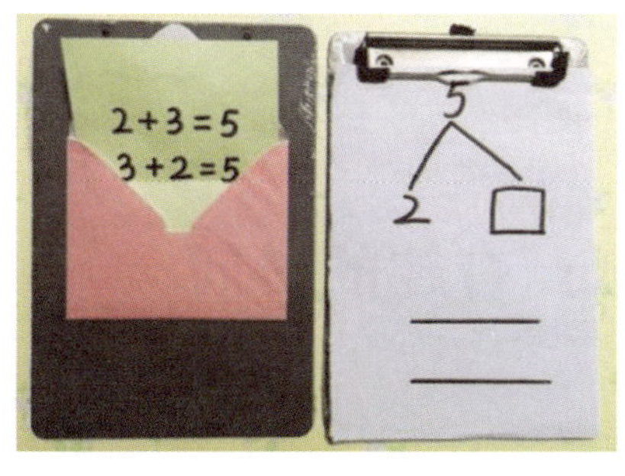

4. 针对数字三子棋规则掌握及技巧方面不足的幼儿，可以在益智区中继续投放普通的五子棋游戏材料，让幼儿在游戏中熟记规则，掌握下棋技巧，丰富经验。

5. 在班级开展有关下棋技巧的讨论活动，如：如何让自己的棋子快速连线？你是先要堵对方的棋子，还是先努力让自己的棋子快速连起来，如果遇到可以堵对方的棋子，也可以让自己棋子连在一起的情况时，你打算怎么做？

大班数学区观察案例：有趣的时间

【活动目标】

1. 正确区分时针和分针，学会拨整点和半点。
2. 知道一日作息和时间的对应关系并能用语言表达。
3. 学习用数字来记录时间。

【材料投放】

座钟一个、时间场景图一套、有数字的时间卡和空白的时间卡各一套。

座钟

场景图

时间卡

空白卡

【活动玩法】

1. 认真观察场景卡上的内容并能用语言描述场景出现的对应时间。

2. 根据自己对场景时间的判断，拨动座钟上的时针和分针到相应的位置。

3. 结合场景卡上的内容从篮子里抽出相对应的数字时间卡，或者在空白的时间卡上写下时间。

【观察记录 1】

铮铮从篮子里抽出了一张新的时间卡，他指着图片上的猫咪老师说道："老师在弹钢琴，小朋友们在学唱歌，现在应该是几点呢？"我说道："可以是十点，很多时候我们都是在十点左右开始学唱歌。"他点了点头很快将时针拨到了10的位置，将分针拨到了12的位置。"我要找出十点，十点整的时间卡，后面有0的那种卡片。"说着他在篮子里翻了一会儿便找出了写着"10:00"的时间卡，很开心地摆在了座钟和场景卡的旁边。

接着铮铮又从篮子里抽出了一张时间场景卡，他看着场景卡上的图片说道："太阳刚刚升起来，小兔子正在刷牙，这应该是早上七点半。"说完他就伸手去拨时钟，他先将时针拨到了7的位置，接着把分针拨到了6的位置。随后他到篮子里翻了翻有数字的时间卡，从中选择了写着"7:30"的那张时间卡摆在了桌面上。我问他："时钟上是几点，和时间卡的时间一样吗？"他点头表示一样的。我追问："你看看时针的位置对不对？"他很肯定地说是正确的。

【行为分析】

1. 铮铮对日常生活的时间点有一定的感知但还不是特别熟悉，对场景对应的时间还有点模糊，不能很快且准确地说出具体的时间点。

2. 他能正确分辨时针和分针，对整点有清楚的认识，但是对半点的掌握还不够全面（时针没有拨到两数之间）。

【解决策略】

1. 加强幼儿对一日生活各个环节的感知，通过家园共育让幼儿知道做每一件事情的大概时间段（例如在洗澡前和幼儿一起看时钟，了解时间点）。

2. 继续投放拨时钟的操作材料和时钟卡，让幼儿在操作中感知整点和半点的指针、分针所在位置的区别。

【观察记录 2】

泽泽从场景卡里选出了一张说道："小兔子在看奶奶织毛衣，奶奶好能干。可是我奶奶不会织毛衣。"他仔细看了看图片中的月亮说着："这是晚上了，小兔子还没睡觉，应该是 7 点钟了。"很快，他便将时针拨到了 7 的位置，将分针拨到了 12 的位置附近，他看到分针的位置稍微有点偏移，又重新将分针用力定在了 12 的位置上，随后他一下子就从篮子里找到了标着 7:00 的时间卡摆在了旁边。

接着，他又重新从篮子里抽出了一张新的场景卡，嘴里说着："哇，小兔子和爸爸妈妈在吃点心，好美味啊。窗户外面的月亮弯弯的，这是晚上，应该是八点半了。"泽泽将分针拨到了 6 的位置后去拨动时针，他将时针拨到 8 和 9 之间来回调整了几次，嘴里说着："这个针是要在中间的地方才表示是半点。"他终于将时针定格在了 8 和 9 的中间位置。接着他去装时间卡的篮子里看了看说道："我还是把它记下来吧。"于是他拿出了空白的时间卡和笔，又看了看时钟上的指针，小心翼翼地在时间卡上写下了"8:30"。

【行为分析】

1. 泽泽能够根据场景内容大概判断出具体的时间，对整点和半点有了清晰的认识。

2. 他已经掌握了时间的数字表达方式，能根据场景的时间点正确书写出相应的时间。

【解决策略】

1. 鼓励幼儿结合一日生活的各个环节看时钟，加深对时钟的认识。

2. 投放时间记录表，鼓励幼儿用笔记录一日生活的各个时间点。

【观察记录 3】

宁宁从篮子中取出一张场景卡，她指着卡片上的星星说道："天黑了，小兔正在洗澡，我洗澡的话都是 7 点 10 分。"随后，她将分针拨到了 2 的位置，将时针拨到了 7 的位置后又往前移动了一些但没到 7 和 8 的中间位置。接着，她在装时间卡的篮子里翻了翻，发现没有表示 7 点 10 分的时间卡。"我自己来写时间吧。"说着她就用笔在空白的时间卡上记录下了 7:00。我问她记录的时间是几点，她看了看发现写错了。于是她又重新抽出了一张空白的时间卡写下了 7:10，然后嘴里说着："现在和时钟上的时间都是一样的了。"

【行为分析】

1. 宁宁能根据图片中的场景迁移自身的生活经验，她不仅熟练掌握整点、半点，还对时钟有了更具体的认识。

2. 她能用时针、分针拨出非整点、半点的时间位置并能用数字正确记录。

【解决策略】

1. 鼓励幼儿成为班级"时间播报员"，结合每天的活动环节为同伴播报时间，增强对时间的感知。

2. 根据幼小衔接要求，鼓励幼儿合理安排一日作息并用笔记录下来。

（观察教师：徐灵芳　指导：孙彩霞）

大班数学区观察案例：10以内的加法运算

【预期目标】

学习看数字列加法算式并进行计算。

【活动材料】

圆形旋转操作底板、笔、纸等。

【活动玩法】

拨动转盘上的指针指向任意一个数字，将转盘中心的数字加上指针所指的数字，列出加法算式并计算得数。

【观察记录1】

小A拿起记录纸，快速地在号数的框子里写上17，转动下转针，写上3＋3＝6，继续转动转针，接着写3＋4＝7、3＋5＝8，在写的过程中是边哼着歌曲边写算式并计算。

幼儿1

【观察记录 2】

小 B 转动转针，在记录纸张上写 2+4=，想了很久，写不出答案，就在圆盘上数手指敲击了两下，然后就伸出了右手的手指，没有发出声音地数了右手上的四根指头，再数左手的 2 根指头，将答案记录在纸上。后面进行计算都是用这个方法，先思考，实在想不出来，借助手指头计算。

幼儿 2

【观察记录 3】

小 C 转动转针，看到是 4 和 1，她先伸出两手的手指，逐一大声地进行点数，得出总数后，在记录纸上书写算式与答案，4+1=5。接着转动转针，再拿出两手的手指，逐一计算，计算好后再写算式，写完 4+2=

幼儿 3

时，忘记了答案，又重新开始大声地用手指头进行点数。后面都是这样，转动转针，先用指头计算答案，写了算式，就忘记了答案，再次借助掰手指头大声点数。

【行为分析】

三名幼儿都能理解加的含义，认识加号和等号的含义，但是他们计算的方式存在不同，计算的结果都是正确的。

小 A：能熟练且轻松开展 10 以内的加法运算，能边哼歌曲边计算。

小 B：需要借助手指头进行点数总数，动作弧度小，主要采用默数的方式，两数相加时，就是按照数字的前后顺序进行顺接数，如 2＋4＝，就是用手指头在玩具上敲击两下，然后从 2 往后顺接数，计算出总数。

小 C：每次都在列出算式前进行计算，计算的方式都是扳手指头，并且伴随着大声地数出总数，在数出总数后，开始写算式，写完容易忘记总数，又要重新进行点数。点数时是先数小数，再数大数，如 4＋2＝，就是从 2 接着往后顺接数，计算出总数。

【支持策略】

对于小 A，教师可以提供减法运算的游戏材料，供幼儿列式计算。

对于小 B，引导其学会将前面一个数记在心里，再进行顺接数，计算总数。并学习观察哪个数小，哪个数大，将大数记在心里，再接着数。

对于小 C，引导其先书写算式再进行算，将大声数变成小声数或者默数。在进行顺接数时，引导幼儿要观察两个数的大小，大数记在心里，接着往后数小数。

大班数学区观察案例：超级大赢家①

“超级大赢家”游戏来源于班级幼儿带的一款以色列数字牌游戏，这份游戏材料含有 100 余块数字牌，印有数字 1～13，有黑、红、蓝、橙四种颜色，还有组合架子（码牌器）。以色列数字牌游戏适合多人参与，受到了大班幼儿的喜欢，但是幼儿主要是随意性游戏。以色列数字牌游戏是一款成人的休闲游戏，孩子们竟然这么喜欢，我们就想能否利用游戏材料，对其进行简单的加工、改造，与数学领域有机结合，制订适宜大班幼儿游戏的规则，激发幼儿的挑战意识，让幼儿在游戏过程中不仅获得相关数经验的发展，还能发挥想象，参与制定简单的游戏规则，能在游戏过程中质疑、提出问题，坚持游戏，积极处理游戏过程出现的合作、交往、协调等方面的问题，促进幼儿良好学习品质的发展。

活动阶段一

【预期目标】

1. 理解游戏的玩法和规则，能与同伴共同合作游戏。
2. 能比较两数的大小。
3. 巩固对 6 以内序数的理解。

【活动材料】

10 以内数字牌 12 张，码牌器，游戏币，装牌杯，骰子 1 个。

---

① 孙彩霞，黄华珍. 大班数学活动：超级大赢家［J］. 福建教育，2021（3）.

【游戏玩法与规则】

玩法：2 人游戏，游戏开始时将数字牌背面朝上（数字朝下）摸牌，1 人摸 6 张牌依次插入面前的卡牌槽内。由锤子剪刀布决定谁摇骰子。幼儿根据摇出骰子上的点数从左到右数取出相应的牌比大小，数字大的牌可将小牌吃掉（如：骰子点数是 6 就应从左向右数出第 6 张牌比大小），出完一张牌将空余的位子向左推，向前靠拢。游戏依次进行，直到一方的数字牌被吃完，游戏结束。手中牌多者，可得一枚游戏币。

规则：当摇出的骰子的点数，在码牌器上对应的位置无牌，应重新摇骰子。

【观察记录 1】

A 组：薇薇和小茗

薇薇和小茗一起游戏。薇薇摇出 6，她伸出手指指着骰子上的点进行点数，数到一半她摇摇头又重新点数完说："是 6 吧？"小茗点点头："对！"又回过头问老师："有没有 6？"两人犹豫着没有出牌，老师问："6 指的是什么意思？出第几张牌？"薇薇回答："第 7 张。"老师问："6 代表的是第 6 张牌，自己数一数。"小茗从左到右点数，数出第 6 张牌 7 并出牌，薇薇没有点数直接取出最后第 6 张 8 并出牌。小茗示意薇薇把牌收起："被你吃掉啦！"薇薇收牌并说："你先玩（摇骰子），我让你。"小茗不确定地看了老师一眼，老师没有给出信号，小茗摇出 2，薇薇激动地说："2，有有有！"

小茗点数出第2张牌9，薇薇没有从第1张开始点数，而是拿出了自己的第2张牌2，小茗快速收牌。薇薇拿起骰子摇出6，小茗接过骰子重新摇："我来!"他摇出5，薇薇看了看骰子说："5!"小茗指着骰子上的点点数"1、2、3、4、5"，然后数着自己的牌一一点数"1、2、3、4，没有5了!"说完看看老师。薇薇拿起手中一张5兴奋回答："我有5!"并指着对方牌中的数字5说："你也有5啊!"小茗重新摇骰子摇到1并取出第1张牌4，薇薇看了看自己的牌随意出了张10，小茗把牌一推："你把我（的牌）吃掉!"二人摇骰子摇出6和4，分别在骰子上一一点数，小茗数了数自己的牌："我只有3张牌，重新摇!"薇薇摇出5后问小茗："诶，有5吗?"小茗："没有，只有3。"薇薇指着自己的牌5说："有啊，我有5!"小茗："不对，我们只有3! 你这个不行，这个只能变成3，不能变成5（我们只剩3张牌，你摇到的是5我们要出第5张，可是，我们已经没有第5张牌了）。"薇薇："那3在哪?"小茗没有回答……后面的游戏2人随意出牌，游戏结束。

【观察记录2】

B组：小茗和凡凡

小茗和凡凡游戏，凡凡摇出5，快速取出第5张牌10，小茗从左到右点数取出第5张牌1，凡凡吃掉该牌并快速收牌。凡凡又摇出4，凡凡看了看牌快速取出第4张牌5，小茗从左到右点数取出第4张牌7，小茗快速比较大小并收牌。小茗摇骰子摇到5，凡凡说："没5呀!"（手里的牌只剩4张）随后，二人分别摇出2、3、1，每次凡凡都是快速取出，小茗依然点数出牌，游戏结束。

【幼儿行为比较分析】

该游戏玩法与规则较为复杂，因此在投放该游戏材料的第一阶段，主要的活动目标为掌握游戏的玩法与规则。在材料投放初期，根据观察发现，班级部分幼儿在游戏时出现了一些问题。

A组幼儿：薇薇和小茗。1. 小茗对于游戏的玩法与规则基本了解但不是特别明确，薇薇不太理解游戏的玩法与规则。从二人游戏的合作上来看，小茗有时会关注到对方的游戏情况，当对方出错牌或违反游戏规则时会予以指出，但因语言表达不够准确清晰，对方并不能完全理解。2. 小茗不能正确表述并运用序数词，对于5～6的点数需要一一点数确认，在序数的判定上需要一一点数进行确认，但点数结果正确；薇薇数序与序数关系混淆，5～6需要点数确认，无序点数。

B组幼儿：小茗和凡凡。1. 小茗和凡凡熟悉游戏的玩法与规则，在游戏中二人能够合作游戏，但二人都没有去关注对方出牌是否正确。2. 小茗和凡凡都能区分基数和序数，并能快速比较10以内数字大小。计数水平不同：小茗能手口一致进行6以内序数的点数，凡凡则通过目测得出10以内基数和6以内的序数结果。

同时教师发现，在该游戏中，同一位幼儿在面对不同的游戏搭档时表现也存在很大差异。例如游戏中的小茗，基本理解游戏的规则与玩法，在与熟悉游戏的玩法与规则的凡凡搭档时，能从同伴的操作和分享中获取信息进行游戏，二人仅用不到3分钟就完成了一轮游戏。但在与薇薇合作游戏时因为受到薇薇的干扰，导致游戏无法顺利完成。

【调整与推进】

在该合作游戏中，搭档和同伴之间的互动是最好的学习。对游戏玩法和规则不太熟悉的幼儿，请熟悉玩法的幼儿担任裁判，发挥同组幼儿互相监督和相互指导的作用。

通过一周的游戏，大部分幼儿对该游戏的玩法和规则都已较好掌握。于是，我针对如何升级挑战该游戏与幼儿展开讨论："目前这个游戏我们大家都已经会玩了，我们可以增加哪些玩法或新材料?"笑笑提议："牌可以再多一些!"关于牌的数量我建议增加到10，我又提出一个新问题："牌多了，骰子的点数最多只有6个，那怎么摇到10呢?"阿宝说："那用两个骰子不就行了吗!"于是根据幼儿的提议，我们调整了新游戏的玩法与规则：

材料投放调整：

1. 数字牌从 6 张增加为 10 张；

2. 骰子由 1 个增加到 2 个。

活动玩法调整：

数字牌由 12 张增加为 20 张，两位幼儿游戏，各自摸 10 张牌在自己的码牌器上。每次摇 2 个骰子，并数出 2 个骰子上的点数，根据点数来取出相应位置的数字牌。如：1 个骰子摇出 3，一个骰子摇出 4，应该取出第 7 张牌。

活动阶段二

【预期目标】

1. 能用多种方法算出两个骰子上点的总数。

2. 巩固对 10 以内序数的理解。

3. 理解新增游戏规则，能与同伴共同合作游戏，解决游戏中出现的问题。

【活动材料】

新增材料：1～10 数字牌 20 张，骰子 2 个。

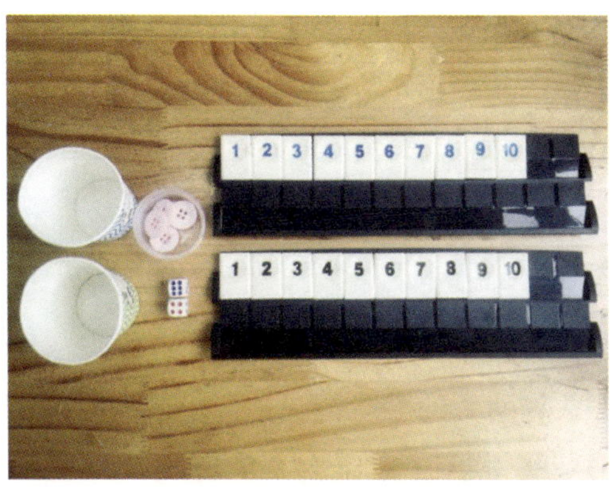

【观察记录 1】

A 组：妍妍和小益

二人锤子剪刀布，妍妍获胜并摇骰子，摇完骰子她看着骰子上的点数说："6、3，合在一起是 9。"妍妍指着码牌器从左往右数，取出了第 9 张数字 6 的牌后提示小益出牌，小益拿出第 1 张牌想出，妍妍说："不对！你要数牌！"小益将牌数了一遍妍妍又说："你要出（第）9（张）！"小益拿出了第 9 张数字 4 的牌，妍妍示意二人同时出牌，妍妍快速比较大小，并说："6、4，我吃掉你！"

妍妍摇骰子摇出 6 和 1，妍妍得出 7 后，开始数自己的牌并取出第 7 张牌 5，取出牌后她又帮小益数出他的第 7 张牌 1，二人同时出牌，妍妍快速比出大小并收牌。

妍妍继续摇骰子，摇出 6 和 4，小益点数后说："要重新摇！"（摇出的点数大于实际有的牌数时应重新摇骰子）妍妍重新摇出 3 和 1，妍妍将骰子拿起点数得出 4，两人都取出第 4 张牌并同时出牌（妍妍 7，小益 10），小益快速比出数字大小并收牌。

……

当牌只剩 3 张时，二人分别摇出并正确点数出 10、8、6，摇出的点数都大于实际有的牌数，二人一直在重新摇骰子，游戏无法往下推进，这时妍妍说："你可不可以用 1 个骰子？"小益快速接受："好啊！"并用 1 个骰子开始摇。剩 2 张牌，小益又用 2 个骰子，摇了十几次摇出的点数都大于实际剩下的牌数，二人不断地重复，这时小益说："我手都快摇酸了！"这时妍妍又建议："你可不可以摇 1 个骰子？"小益改用 1 个骰子摇，游戏得以顺利继续……

【行为分析】

1. 二人理解新增游戏的规则和玩法，二人在游戏中可以较好地合作并自主游戏，相互关注对方的游戏情况。其中妍妍发现牌越来越少时，用两个骰子摇出的点数常常大于实际剩余的牌数，需要一直重新摇这个问题，主动提出将两个骰子改成一个骰子，在游戏中能够调整游戏规则，较好地解决游戏中出现的问题。

2. 二人都能计算出两个骰子点数相加后的数量。

3. 二人能正确运用序数词进行一维判定，主要采用的是一一点数到某序数的位置。

4. 能熟练地进行数字比较大小。

【调整与推进】

大赢家游戏在新增了新的游戏玩法和规则后，幼儿在游戏时出现了一些新的问题：

1. 个别幼儿在点数两个骰子的点数时，会出现漏数以及重复数的问题。

2. 在游戏中出现问题时，如何协商解决？

于是，在活动结束分享评价环节中，分别讨论了两个问题的解决方法。首先分享讨论：如何避免漏数及重复数的问题。小小说："用老师教的按顺序点数的方法就不会点错。"悦悦说："先点一个骰子上的数字，接下去再点另一个骰子就行，比如一个骰子上是6另一个是2，就先数6，然后6、7、8，这样就可以了。"

针对另一个问题，教师问："你们在游戏过程中发现了哪些问题或者是遇到了哪些困难？如何解决？"小泽说："笑笑耍赖！我们玩的时候，她每次都是摇完骰子以后又去换牌，把大牌（数字大的牌）换过去（把数字大的牌调到出牌的位置，如摇到3，对方就将数字较大的牌调到3的位置，然后出该大牌），然后，她每次的牌都比我大！"老师问："那这个问题你们解决了吗？"笑笑说："没有！后来他说我耍赖，就不跟我玩了！"老师就引发大家讨论："这样的解决办法大家都不开心，有什么好办法可以解决这个问题？"墨墨说："这个问题很简单呀！可以定下规则，骰子摇完以后就不可以换牌了，这就行了呀！"悦悦说："我有好办法，可以再请一个人当裁判，如果谁动牌就扣分！"老师肯定了两位幼儿提出的好办法："你们想的办法真不错！摇完骰子以后不能再移动牌，这是一个新规则。那还有没有其他问题？"丫丫说："我和小小玩，如果两个人牌一样大时，不知道牌要给谁？我和小小想到一个好办法，用锤子剪刀布来解决，谁赢牌就给谁。”妍妍说：“我和小益玩的时候，当牌只剩几张时，如果用两个骰子一起摇，摇出的牌都太大（摇出的牌大小多于实际有的牌数），一直重新摇，摇得我们手都酸了，后来我们就改成一个骰子摇，摇出的点数就不会太大了。”

在分享环节，我肯定了在游戏中幼儿与同伴协商、解决问题的做法，并梳理出一些建议：

1. 能和同伴表达自己的想法，当对方和自己想法不同时能接纳对方的合理意见，协商共同解决问题，这些做法非常好，值得大家学习。

2. 在游戏中，只要是合理的、两人能协商好的就是可行的规则。

3. 有些问题二人在游戏时还想不出解决办法，可以在分享环节中提出，大家一起讨论如何解决。

【观察记录 2】

B 组：阿宝和睿睿

阿宝和睿睿一起游戏，当阿宝摇骰子摇出 8，便手口一致点数取出第 8 张牌“1”，睿睿快速取出第 8 张牌“1”，阿宝想要石头剪刀布，睿睿直接将自己的牌放入杯中。阿宝反对：“要锤子剪刀布决定牌给谁的！”睿睿：“要不我们自己把自己的牌收起来吧！”阿宝笑着同意睿睿的建议将牌放入自己的杯中。阿宝看看杯中牌说：“我有 3 张牌了！”睿睿：“我也 3 张，平局！”阿宝摇骰子后说：“4。”二人都没有点数直接取出自己第 4 张牌（阿宝出 2，睿睿出 4），睿睿快速比出大小并收牌。阿宝说：“又被你吃了，你现在有 5 张牌了。”睿睿摇骰子，二人看着骰子上的点数同时说出：“11，没牌！重新摇。”睿睿重新摇骰子摇到 5，他快速取出第 5 张牌 6，阿宝快速点数并取出第 5 张 1，睿睿比出大小并收牌。阿宝：“现在就用一个骰子吧，你摇！”在接下来的游戏中，分别摇出 2、4、2 等牌，二人都取出相应位置的牌，快速比较大小并收牌。游戏结束，二人都倒出自己赢的牌，睿睿点数完：“我 10 张牌，你几张？”阿宝：“我也 10 张，平局！”睿睿取出

2 枚游戏币分给了阿宝和自己，该轮游戏结束。

【行为分析】

1. 通过一段时间的游戏，睿睿和阿宝对于游戏的玩法更加熟练，在游戏中自主、专注，并且通过前期在分享环节中教师的引导，他们在游戏中能更好、更主动地协商解决游戏中的分歧与问题。如当点数过大时，二人很有默契地只用一个骰子摇。当出的牌都是 7 时，阿宝的方法是用锤子剪刀布来解决，睿睿的方法是一人收一张牌，虽然二人方法不同，但阿宝很快接纳对方的意见并继续游戏。

2. 二人能够正确运用序数词进行一维判定。碰到数字大于 6 数时，阿宝多采用点数的方式找到序数的位置，睿睿目测直接找到 10 以内序数的位置。

3. 都能通过目测并采用将两个骰子上的数字相加的方法得出骰子点数结果。

【调整与推进】

一段时间的游戏后，大部分幼儿都已较熟练掌握该阶段游戏的玩法与规则，在分享讨论环节中，教师与幼儿共同讨论如何进一步提升游戏的难度。引导幼儿观察码牌器，让他们发现码牌器有 2 层，并向他们提问，还可以怎么玩游戏。闻闻说："上层可以放牌，下层用来放赢来的游戏币。"浩浩说："单数放在下层，双数放在上层。"睿睿说："牌再多加一点，把第二排也放满牌。"烁烁说："第 1 排放 10 张，第 2 排也放 10 张。"教师问："那怎么知道该拿第 1 排的数卡还是第 2 排的数卡?"教师准备第三个骰子让幼儿观察，发现骰子只有 1 和 2 的数字。烁烁："摇到 1 代表第 1 层，2 代表第 2 层。"

新增材料：

1. 数字牌从 1 排增加到 2 排，从 10 张增加到 20 张。

2. 骰子由 2 个增加到 3 个，新增 1 个特殊的骰子，6 个面上只有数字 1 和 2。

新增游戏玩法：

1. 每次摇 3 个骰子，根据只有 1 和 2 的骰子决定取的是第 1 排还是第 2 排。

2. 还要算出 2 个骰子上的点数总数，并根据点数取出相应位置上的牌。如：特殊骰子摇出 2，另 2 个骰子摇出的总数是 8，应该取出第 2 排的第 8 张牌。

活动阶段三

【预期目标】

1. 能快速算出两个骰子上的点的总数。

2. 能进行序数的二维判定，并会用“第 * 排第 * 张牌”来表述具体的位置。

3. 理解新增游戏规则，能与同伴合作游戏。

【活动材料】

新增材料：1～10 数字牌 40 张，骰子 3 个，新增 1 个 6 个面上只有数字 1 和 2 的骰子。

【观察记录】

浩浩和闻闻一起游戏。

闻闻摇骰子，浩浩看着骰子嘴里默数完说：“第 2 排第 10 个。”闻闻看了看牌：“没有 10（第二排第 10 位没有牌）。”闻闻又摇骰子，摇完骰子她将骰子放在一起：“第 2 排的第 12 张。”浩浩：“第 2 排哪有第 12 张？”闻闻继续摇骰子，她看了看骰子：“第 2 排的第 4 张。”浩浩指着第 2 排点数出第 4 张数字 6 的牌，闻闻看着牌取出了第 2 排第 4 张牌数字 9 的牌，二人出牌，闻闻快速比出大小并吃牌。闻闻摇完骰子说：“第 2 排的第 6 张。”浩浩数出第 2 排的第 6 张牌，闻闻没有点数直接取出第 2 排第 5 张牌，教师：“你们出牌前再次确认下是不是第 2 排第 6 张牌。”闻闻把牌放回码排器上再次逐一点数，取出了第 2 排第 6 张牌 1……

当牌剩几张时，闻闻建议收起其中 1 个骰子进行游戏……

游戏结束，双方倒出杯中牌进行一一点数，该局闻闻获胜。

【行为分析】

两位小朋友理解游戏玩法，能进行序数的二维判定，但有时会出现序数位置找错的问题。他们能正确区分、清晰描述，如“第 2 排第 6 张”。

计算总数时，浩浩以点数的方法得出两个骰子的总数，闻闻用目测的方法得出两个骰子的总数。

在验证方面，两位小朋友不太关注对方出牌是否正确，而新增 2 排的游戏玩法，使得双方很难通过互检的方式验证出牌是否正确。

通过几组幼儿的对比观察，发现新增玩法后，加大了游戏的难度。部分幼儿在游戏中还出现一些问题：1. 由于骰子数量较多（3 个），易混淆两组骰子对应的关系。2. 有的幼儿不能正确完成或表达序数的二维判定。

【调整与推进】

1. 调整特殊骰子的样式，避免干扰。
2. 增加裁判角色，请裁判来检查关注双方出牌是否正确。
3. 提醒幼儿自己要检查，出牌前进行二次确认。

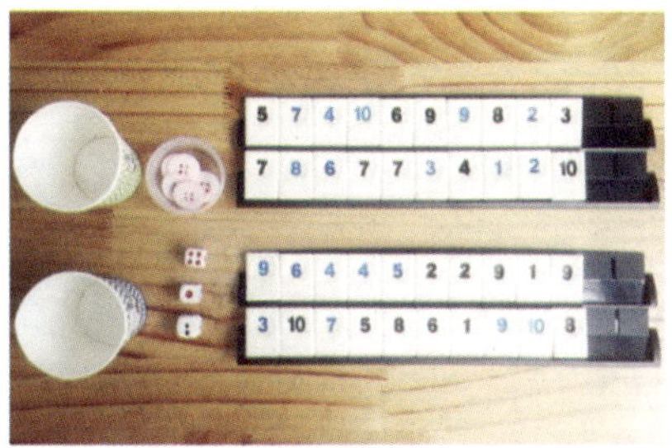